西方经济学学习手册

张 杰 主 编
张双娜 张 艳 副主编

LEARNING MANUALS OF ECONOMICS

图书在版编目(CIP)数据

西方经济学学习手册/张杰主编. —北京:北京大学出版社,2016.3
ISBN 978-7-301-26792-9

Ⅰ. ①西… Ⅱ. ①张… ②张… ③张… Ⅲ. ①西方经济学—手册 Ⅳ. ①F091.3-62

中国版本图书馆 CIP 数据核字(2016)第 009793 号

书　　　名	西方经济学学习手册 XIFANG JINGJIXUE XUEXI SHOUCE
著作责任者	张　杰　主编　张双娜　张　艳　副主编
责 任 编 辑	周　玮
标 准 书 号	ISBN 978-7-301-26792-9
出 版 发 行	北京大学出版社
地　　　址	北京市海淀区成府路 205 号　100871
网　　　址	http://www.pup.cn
电 子 信 箱	em@pup.cn　　QQ:552063295
新 浪 微 博	@北京大学出版社　@北京大学出版社经管图书
电　　　话	邮购部 62752015　发行部 62750672　编辑部 62752926
印 刷 者	北京大学印刷厂
经 销 者	新华书店
	787 毫米×1092 毫米　16 开本　12.75 印张　242 千字 2016 年 3 月第 1 版　2016 年 3 月第 1 次印刷
印　　　数	0001—4000 册
定　　　价	28.00 元

未经许可,不得以任何方式复制或抄袭本书之部分或全部内容。
版权所有,侵权必究
举报电话:010-62752024　电子信箱:fd@pup.pku.edu.cn
图书如有印装质量问题,请与出版部联系,电话:010-62756370

序　言

学"高等数学"时都有习题课，而学习经济学一般没有习题课，但做习题时理解所学内容也十分重要。我们听课时似乎全懂，但习题却做不了，上过习题课后才能理解所学的内容，并做出习题。张杰、张双娜、张艳三位老师编写的《西方经济学学习手册》就是这样一本有用的学习辅导用书。

在国外，经济学的辅导用书与"高等数学"的习题集并不相同。它不仅有习题，还有相应的内容指导。本书也包括两部分，一部分是学习指导，另一部分是习题。

在学习指导中包括学习目的与要求、学习方法、重点与难点、知识框架、案例导入以及引申阅读。案例导入与引申阅读中丰富的案例可以帮助大家理解经济学的原理。教科书中为了简单，以讲理论为中心，而实例列举得并不多，即使有个别例子也较陈旧。学习手册用案例来帮助大家理解原理是非常必要的。其中不少案例联系中国的现实，读起来更有利于理解原理。把教科书中讲的原理与学习手册中的案例结合起来，学习会更有趣味，也更易于理解和运用原理。这部分也可以供老师讲课时参考，讲原理时结合实际，尤其是结合中国的现实，学生更爱听，也更容易理解。

学习经济学原理学得如何、是否掌握，要通过做习题来判断。课后做习题是重要的一环，正如学数学必须大量做习题一样。做习题不是为做而做，而是为了掌握课堂上讲的内容。所以，在做作业之前先要复习讲过的内容，并结合学习手册中的案例，确定自己掌握这些内容之后再做作业。学习手册中有习题的答案，但做作业之前别看答案，做完后再用答案对照。如果对了，就说明你自己掌握了所学的内容；如果错了，就要找出错的原因，然后改正。做作业也是学习过程的一部分，不要忽视。

张杰等老师长期从事这方面的教学，有丰富的教学经验，又了解学生。这本《西方经济学学习手册》不仅编写认真，而且内容也适合学生学习。对他们认真的工作深表谢意。

梁小民

2016 年 1 月 26 日

前　言

由梁小民教授编著的《西方经济学基础教程》和《西方经济学导论》自出版以来受到诸多大专院校师生的广泛欢迎。这两本书内容系统，言简意赅，深入浅出，是为数不多的经典的西方经济学入门教材。

本书在这两本教材的基础上，对西方经济学的知识点进行了总结和拓展。每章包含学习指导、练习与思考两部分。学习指导包括各章的学习目的与要求、学习方法、重点与难点、知识框架、案例导入、引申阅读等内容，帮助学生从总体上把握教材内容，并选取具有典型性和时效性的生活案例来反映经济学理论；练习与思考包括填空、判断、单项选择、多项选择、计算、问答等多种题型，可帮助学生加深和巩固所学知识，掌握对理论知识的基本应用。

《西方经济学基础教程》和《西方经济学导论》在结构上不完全一致，但在内容上多有重合，《西方经济学导论》除了涉及宏微观经济学外还包括当代西方经济学流派部分。本书以《西方经济学基础教程》（第三版）为主体安排章节，在每章起始页脚注上标注了《西方经济学导论》（第四版）中对应的章节内容，并将当代西方经济学流派部分作为附录，以兼顾两本教材的使用者学习和阅读。

本书由张杰担任主编，张双娜、张艳担任副主编。全书具体编写任务分工为：张杰负责第一至四章的编写，张双娜负责第五至八章的编写，张艳负责第九至十一章及附录的编写。全书由张杰编写大纲，并负责最后的统稿、审稿工作。

在本书的编写过程中，借鉴了许多同行专家学者的研究成果，参考了大量书籍和文献，通过网络收集和整理了一些资料，也有不能一一指出其出处的观点，在此一并致谢！在完成本书的过程中，我们还得到了梁小民老师的支持和鼓励，对此深表感谢。

尽管我们在编写过程中付出了很多努力，但由于能力和时间所限，书中难免存在一些不足。如果您发现书中错误或不当之处，请随时与我们保持联系（E-mail：zsn@sdyu.edu.cn）。敬请读者批评指正，以求不断改进和完善。

编　者

2016 年 1 月

目录

1 第一章 西方经济学的对象与方法

13 第二章 均衡价格理论

31 第三章 消费者行为理论

45 第四章 生产理论

59 第五章 厂商理论

77 第六章 分配理论

89 第七章 国民收入决定理论

109 第八章 失业与通货膨胀理论

123 第九章 经济周期与经济增长理论

141 第十章 宏观经济政策

155 第十一章 开放经济中的国民收入均衡与调节

167 附　录

第一章 西方经济学的对象与方法

第一部分　学　习　指　导[①]

● 学习目的与要求

1. 了解资源的稀缺性与选择。
2. 理解经济学的内涵及研究对象。
3. 理解并掌握微观经济学与宏观经济学的内涵与关系。
4. 把握经济学的研究方法。

● 学习方法

本章是西方经济学的综合概括，通过了解西方经济学的一些预备知识，形成对西方经济学的初步认识。

● 重点与难点

1. 资源配置与资源利用
2. 经济学十大原理
3. 微观经济学与宏观经济学的异同
4. 实证经济学与规范经济学的区别
5. 实证分析方法

[①] 此章对应《西方经济学导论》第一章导言。

● 知识框架

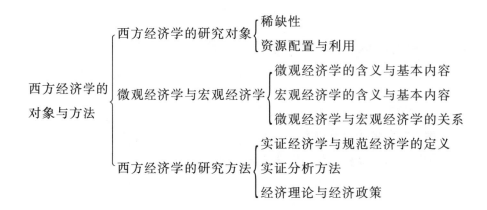

● 案例导入

我国的能源资源约束问题

(一)对于能源资源约束的认识

能源资源约束是指在经济社会发展过程中,能源资源供给数量减少、质量下降、可开发利用的难度提升以及国家资源禀赋变化导致能源资源供需不均衡对经济增长的约束。这种约束主要包括两个方面:一是能源资源短缺,即供不应求对经济增长的约束,属于数量控制型约束;二是由资源禀赋优越产生的对经济增长的约束,即所谓的资源诅咒,属于质量控制型约束。

形成能源资源约束的主要原因有两个方面:一是矿产资源以及产生能源主要使用的化石资源具有不可再生性。泥炭、煤、石油、天然气、金属矿产、非金属矿产等的形成过程与人类社会发展相比非常缓慢,与其他资源相比,其再生速度很慢或几乎不能再生。在短期内,对不可再生资源的开发和利用,只会消耗而不可能保持其原有储量或再生。二是经济的粗放式发展。无论是发达国家还是发展中国家,在经济发展初期都依赖于对能源和资源的过度消耗。以美国为例,第二次世界大战结束后至20世纪70年代,在家电、食品、汽车、建筑等初级消费的拉动下,经济得以快速增长,而这些初级消费对资源和能源的依赖性都很强。

（二）我国能源资源消耗情况

与先行工业化国家相比，我国工业化已经没有了当时的廉价资源与能源保障条件，并且随着工业化进程的加速，能源资源约束问题日益突出。

1. 我国能源资源消耗水平

从能源消耗来看，2012年中国能源消费总量达36.2亿吨标煤，占世界能源总消费量的20%，人均能源消费量2.7吨标煤，高于世界人均水平，但是所创造的GDP仅为全球的10%左右。2011年我国能源消费占比（21%）是GDP占比（12%）的近2倍，而同期美国能源消费占比（18.5%）仅为GDP占比（26%）的70%，我国能源利用效率和产品附加价值明显较低。而且我国能源消费长期以煤为主，煤炭占一次能源消费总量的70%，远高于世界的平均水平（30%），使得我国在消费相同一次能源的条件下比其他国家多排放30%的二氧化碳。

从钢铁消耗看，2012年我国钢铁消费量达到6.39亿吨，位居全球第一，超过其他前十位国家消费量的总和；按人均钢材消费统计，我国为477.4千克，同比增长1.4%，几乎为亚洲平均水平（243.5千克）的两倍，是国际钢协统计国家中的最高人均消费国。

从水泥消耗看，2012年我国水泥消费量为21.8亿吨，占全球消费总量的一半以上。过度依赖固定资产投资和基础设施建设拉动的粗放型经济增长方式，造成钢铁、水泥等高耗能产业增长过快，单位资源的产出水平与发达国家存在较大差距。

我国能源资源消耗过快增长主要是结构性原因导致。从产业结构来看，我国经济高增长周期表现出重化工业加速发展特征，重化工业占工业增加值的比例逐年提高，重制造业对经济增长的贡献率占工业贡献率的70%以上。目前重化工业快速发展是我国处于工业化中期阶段的必然结构特征，这一结构性问题将是长期性的。我国能源密度曲线存在"双驼峰"的风险，与先发国家的"抛物线"相比，有可能会出现二次高峰。其原因在于改革开放以后，我国才转向市场经济体制，出现经济的高速增长，而技术创新与体制创新是增强经济和能源资源的可持续发展、缓解能源资源对经济制约作用的重要手段。

2. 我国工业化能源资源需求的主要影响因素

我国工业化对能源资源的需求除与当前发展阶段密切相关外，还受发展模式、产业结构、技术水平、城镇化进程、居民收入水平等多重因素影响。

（1）经济发展依赖投资拉动。长期以来，我国形成了以投资为主要驱动力的经济发展模式，通过大规模投资、大规模消耗、大规模生产、大规模建设，带动经济快速增长。这种粗放型发展模式的确能够有效加快工业化进程，但同时也导致能源资源需求总量居高不下、持续上升。例如，为应对金融危机冲击，我国出台了规模达4万亿元的投资刺激计划,其中有 81% 投向新建住宅和基础设施建设,带动了大量的钢铁、有色金属和水泥等高耗能产业增长,给工业节能减排带来巨大压力。

(2) 产业结构以重化工业为主导。重化工业自 1991 年起成为我国工业化进程中的主导力量,目前仍处于占工业产值比重持续增加的上升期。这是因为我国正处于工业化、城镇化的快速推进阶段,钢铁、建材、化工等高耗能的重化工业是顺利完成此阶段发展目标的关键力量和物质支撑。同时,这也表明我国目前必然处于能源资源需求的快速增长阶段,重化工业的能源消耗已占据制造业能源消耗总量的 70% 以上。

(3) 技术水平落后于发达国家。技术水平有待提升是导致我国能源资源利用效率不高的根本原因,这进一步加大了对能源资源的需求量。目前,我国总体能源利用效率约为 33%,比发达国家低近 10 个百分点;电力、钢铁、有色、石化、建材、化工、轻工、纺织八个行业的主要产品单位能耗平均比国际先进水平高 10%—20%。同时,我国被动锁定于国际产业链分工的底端,产能长期集中在附加值较低的领域,路径依赖性较为严重,缺乏技术创新动力,单位增加值能耗远高于发达国家。

(4) 城镇化建设快速推进。近 10 年来,我国城镇化水平以年均 1.22% 的速度快速攀升,到 2010 年已达 47.5%。城镇化建设的快速推进促使大批人口向城市集中,预计在未来 20 年内,我国将有超过 70% 的人口居住在城市,能源资源需求十分巨大。我国人均能源资源消耗量虽远低于国际平均水平,但总量已位居世界前列,由城镇化引起的总量再上升,可能会导致其他国家援引相关国际条约的联合制约。

(5) 居民消费需求提升。我国居民收入水平逐步提高,促使消费需求层次日益提升,特别是中等收入居民数量的增加,推动了汽车、住房等资产投资性需求持续上升,进而带动工业品产量快速增长,不断扩大能源资源需求。以汽车行业为例,2008 年我国汽车产量约为 930 万辆,2010 年猛增至 1 826 万辆,年均增速超过 40%,总量跃居全球第一。但由于人均拥有量仍远低于国际平均水平,我国汽车产业依然存在较大增长潜力,对能源资源的需求将进一步扩大。

资料来源:节选自乔标,"如何应对我国能源资源约束问题",中国能源网,2014 年 1 月 9 日。

案例分析:这个案例说明以下几个问题:第一,改革开放以来,我国经济的快速发展和人民生活水平的大幅度提高是建立在大量资源被消耗的基础上的。第二,我国国民经济和社会的快速发展与现有的资源之间存在尖锐的矛盾,未来我国面临巨大的能源危机,而能源危机又有可能导致我国国民经济和社会发展的危机。第三,我国的资源储量有限,还存在巨大的资源浪费现象,资源的利用效率极其低下。

• 引申阅读

计划经济与市场经济对经济学基本问题的不同回答

经济学研究的基本问题有四个：一是生产什么物品和各生产多少？二是如何生产这些物品，或者说怎样安排产品生产过程？三是为谁生产，即产品如何分配问题？四是一国的经济资源是否被充分利用，以及如何被充分利用？

对于这四个问题，计划经济与市场经济的做法显然是不同的。

对于第一个问题，在市场经济国家，生产什么和产量多少取决于厂商和消费者之间的相互作用，其中价格在决定生产什么和生产多少上是关键；而在计划经济国家，生产什么和生产多少是由政府计划确定的，企业只能执行国家的计划，消费者也只能作为价格与产量的接受者，没有发言权。

对于第二个问题，在市场经济国家，这主要是由厂商来决定，当然也需要政府的参与，不过政府是通过立法来规范厂商的组织形式、厂商与雇员以及消费者之间的相互作用方式等；而在计划经济国家，既然政府是生产计划的制订者，掌握着所有企业的生产资源，它们也就可以安排和控制整个生产过程。

对于第三个问题，在市场经济国家，消费者的消费水平主要由其收入水平决定，而收入水平的高低主要取决于要素市场上劳动、资本等生产要素的价格，当然政府也可以通过税收来干预收入分配；而在计划经济国家，由于政府直接决定各个职位的薪金水平，实际上国民的消费水平是由国家决定的，名义上，消费者可以在国营商店里按照国家公布的价格购买各种物品，但是实际情况却完全不同，很多商品在国营商店里消费者根本买不到，普通公民不得不受消费短缺之苦，另外，国家直接控制着住房、汽车之类的大多数消费品，有权决定哪些人可以享用。

对于第四个问题，在市场经济国家，这个问题主要依靠市场机制来解决，企业以利润最大化为目标来进行有关决策，政府通过法规来规范企业的行为；而在计划经济国家，政府的计划部门按照自己对国民经济的理解来进行决策。至于两者资源的配置效率孰高孰低就不言而喻了。

资料来源：张杰，《西方经济学》，南开大学出版社，2011年4月。

第二部分 练习与思考

一、填空题

1. 当前世界上解决资源配置和资源利用的经济制度基本有两种,一种是_____,一种是_____。
2. 微观经济学的研究对象是_____,解决的问题是_____,中心问题是_____,研究方法是_____
3. 宏观经济学的研究对象是_____,解决的问题是_____,中心问题是_____,研究方法是_____。
4. 实证经济学要回答的问题是_____,规范经济学要回答的问题是_____。

二、选择题

1. 在任何一个经济中:(　　)
   A. 因为资源是稀缺的,所以不会存在资源的浪费
   B. 因为存在资源浪费,所以资源并不稀缺
   C. 既存在资源稀缺,又存在资源浪费
2. 资源的稀缺性是指:(　　)
   A. 世界上的资源最终会由于人们生产更多的物品而消耗光
   B. 相对于人们无穷的欲望而言,资源总是不足的
   C. 生产某种物品所需资源的绝对数量很少
3. 生产可能线以内的任何一点表示:(　　)
   A. 可以利用的资源稀缺　　　　B. 资源没有得到充分利用
   C. 资源得到了充分利用
4. 作为经济学的两个组成部分,微观经济学与宏观经济学是:(　　)
   A. 互相对立的　　　　　　　　B. 没有任何联系的
   C. 相互补充的

5. 微观经济学解决的问题是:(　　)
   A. 资源配置　　　　　　　　　　B. 资源利用
   C. 单个经济单位如何实现最大化

6. 宏观经济学的基本假设是:(　　)
   A. 市场出清　　　　　　　　　　B. 市场失灵
   C. 完全理性

7. 宏观经济学的中心理论是:(　　)
   A. 失业与通货膨胀理论　　　　　　B. 国民收入决定理论
   C. 经济周期与经济增长理论

8. 实证经济学与规范经济学的根本区别是:(　　)
   A. 研究方法的不同　　　　　　　　B. 研究对象的不同
   C. 研究范围的不同

9. 在研究消费与收入的关系时,内生变量是:(　　)
   A. 政府政策的变动　　　　　　　　B. 消费的变动
   C. 收入的变动

10. 在研究投资与利率和产量的关系时,外生变量是:(　　)
    A. 利率的变动　　　　　　　　　　B. 产量的变动
    C. 政府政策的变动

11. 生产可能性曲线外的任何一点表示:(　　)
    A. 社会资源没有得到充分利用　　　B. 社会资源得到充分利用
    C. 现有的条件下无法实现的生产组合

12. 某高中毕业生目前面临如下选择:上大学需花费5万元,利用上大学的时间外出打工可得收入12万元,而留在家中则能获得收入4万元。则该生选择上大学的机会成本是:(　　)
    A. 5万元　　　　　　　B. 12万元　　　　　　　C. 4万元

三、判断题

1. 如果社会中不存在资源的稀缺性,也就不会产生经济学。
2. 只要有人类社会,就会存在稀缺性。
3. 资源的稀缺性决定了资源可以得到充分利用,不会出现资源浪费现象。
4. 因为资源是稀缺的,所以产量是既定的,永远无法增加。

5. "生产什么"、"如何生产"和"为谁生产"这三个问题被称为资源利用问题。

6. 在不同的经济制度下,资源配置问题的解决方法是不同的。

7. 经济学根据其研究范围的不同,可分为微观经济学与宏观经济学。

8. 微观经济学要解决的问题是资源利用,宏观经济学要解决的问题是资源配置。

9. 微观经济学的中心理论是价格理论,宏观经济学的中心理论是国民收入决定理论。

10. 微观经济学的基本假设是市场失灵。

11. 微观经济学和宏观经济学是相互补充的。

12. 经济学按其研究方法的不同可以分为实证经济学和规范经济学。

13. 是否以一定的价值判断为依据是实证经济学与规范经济学的重要区别之一。

14. 实证经济学要解决"应该是什么"的问题,规范经济学解决"是什么"的问题。

15. "人们的收入差距大一点好还是小一点好"的命题属于实证经济学问题。

16. 规范经济学的结论以研究者的阶级地位和社会伦理观为基础,不同的研究者对同样的事物会得出不同的结论。

17. 2015 年 12 月 31 日的人口数量是存量。

18. 2015 年的农业生产总产值是存量。

19. 2015 年 12 月 31 日的外汇储备量是流量。

20. 2015 年的出口量是流量。

四、问答题

1. 微观经济学与宏观经济学有何区别与联系?
2. 实证经济学与规范经济学有何区别与联系?
3. 理论是如何形成的?它包括哪些内容?理论的表述方法有哪些?

习题参考答案

一、填空题

1. 计划经济;市场经济
2. 单个经济单位;资源配置;价格理论;个量分析

3. 整个经济;资源利用;国民收入决定理论;总量分析

4. 是什么;应该是什么

二、选择题

1—5 CBBCA;6—10 BBABA;11—12 CB

三、判断题

1—5 √×××;6—10 √××√×;11—15 √√√××;16—20 √√××√

四、问答题

1. 在当代西方经济学中,按研究的对象来划分可以分为微观经济学与宏观经济学两个部分。前者主要是研究资源配置问题,即要解决生产什么、如何生产和为谁生产的问题。后者主要是研究资源利用问题。

微观经济学以单个经济单位(居民户、厂商)为研究对象,研究单个经济单位的经济行为,以及相应经济变量的单项数值如何决定。这些都涉及市场经济和价格机制如何运行的问题,因此微观经济学的中心是价格理论。宏观经济学以整个国民经济活动为考察对象,研究经济中各有关总量的决定及其变化。宏观经济学的特点是把国民收入与就业人数联系起来作为中心进行综合分析,因此其中心是国民收入决定理论。

微观经济学与宏观经济学在研究的对象、解决的问题、中心理论和分析方法上都是不同的,但它们之间又有着密切的联系,表现在:一是微观经济学与宏观经济学是互相补充的,它们共同组成经济学的基本内容;二是微观经济学与宏观经济学都属于实证经济学的范畴;三是微观经济学是宏观经济学的基础。

2. 实证经济学企图超脱或排斥一切价值判断,只考虑建立经济事物之间关系的规律,并在这些规律的作用之下,分析和预测人们经济行为的效果。它具有两个特点:第一,它要回答的是"是什么"的问题;第二,它所研究的内容具有客观性,它的结论是否正确可以通过经验事实进行检验。

规范经济学以一定的价值判断为基础,提出某些标准作为分析处理经济问题的标准,作为树立经济理论的前提,作为制定经济政策的依据,并研究如何才能符合这些标准。其特点是:第一,它要回答的是"应该是什么"的问题;第二,它所研究的内容没有客观性,所得出的结论无法通过经验事实进行检验。

实证经济学与规范经济学相互关联,我们作决策要以实证经济学为基础,但要以规范经济学为指导。这就是说,要以一定的价值判断指导决策,但决策要以实证经济学为基础。微观经济学与宏观经济学的基本内容都属于实证经济学。

3. 西方经济学家认为,在运用实证分析方法研究经济问题时,要提出用于解释经济现象的假说,用事实来检验假说,并根据这一假说做出预测。这也就是形成理论的过程。理论包括定义、假设、假说和预测。

一般来说,经济理论有四种表述方法:第一,口述法,或称叙述法,指用文字来表述经济理论。第二,算术表示法,或称列表法,指用表格来表述经济理论。第三,几何等价法,或称图形法,指用几何图形来表述经济理论。第四,代数表达法,或称模型法,指用函数关系来表述经济理论。这四种方法各有优点,在分析经济问题时均得到了广泛的运用。

第二章 均衡价格理论

第一部分 学 习 指 导[①]

- 学习目的与要求

  1. 理解并掌握需求曲线和供给曲线,理解需求定理和供给定理的内涵。
  2. 掌握均衡价格的含义,理解供求曲线共同作用形成均衡的过程。
  3. 理解并掌握不同价格政策的影响。
  4. 掌握需求价格弹性的含义,理解需求价格弹性与总收益的关系。

- 学习方法

  在把握基本概念的基础上,学会利用需求曲线和供给曲线来理解和分析相关理论;注意对相似的知识点进行比较和归纳,找出其中的异同。

- 重点与难点

  1. 影响需求、供给的因素
  2. 需求定理与供给定理
  3. 均衡价格的形成
  4. 需求价格弹性与总收益的关系

[①] 此章对应《西方经济学导论》第二章需求、供给和均衡价格。

- **知识框架**

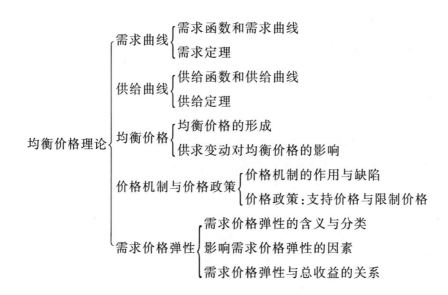

- **案例导入**

大连轻轨列车的票价

2002年,大连至金石滩的轻型轨道列车一期工程通车。过去,人们乘小客车从大连市区到开发区需要1小时,现在乘轻轨只需不到30分钟。而且轻轨内部环境好,运行过程也安全。但是轻轨运行一段时间之后,却陷入了一种非常尴尬的境地,每节可以容纳100余人的车厢,一般只有十几个乘客。

为什么呢?因为价格。小客车从大连到开发区的票价是5元,轻轨却要10元。而且,小客车随叫随停,而轻轨只在车站才能停车,车站多数设置在距离市中心比较远的地方,乘客下车后还要自己打车或坐公交走很远才能到市中心。所以在票价高、不方便的条件下,人们一直都不认可轻轨。

这样运行了一段时间之后,轻轨的票价由10元调整到3元。虽然下车后还要搭一段公交车或出租车才能达到市中心,但毕竟和小客车相比轻轨也有许多优势,而且价格也便宜了。所以很快,轻轨的车厢里由过去的十几个人变成了座无虚席,每节车厢人数基本都在100人以上。后来,轻轨列车由过去的香炉礁站又延伸到了市中心的大连火车站,票价涨到5元,和小客车票价相同。但是它更方便了,已经直达大连市中心了,所以虽然涨价,但是乘客却猛增,每列车都座无虚席。

资料来源:杜忠明,《谁来买单》,中国工人出版社,2006年1月。

案例分析:人们对轻轨列车的需求是富有弹性的。价格降低一个较小的比例,需求量就会提高很大一个比例。在本例中所说的轻轨列车,存在替代品,当其价格高时,人们就会去乘坐小客车、出租车。一般来说,存在替代品的物品或服务,需求是富有弹性的。当其价格提高时,人们会选择替代品,这样就会使对它的需求大幅度降低。

个人的偏好对弹性也有一定的影响。虽然轻轨列车非常舒适、清洁、安全,但是一些高收入群体不喜欢乘坐公共交通,他们有自己的私家车。无论轻轨列车的票价低到什么程度,对这些人来说也是没有弹性的。

一句谣传导致海南香蕉价格暴跌

2007年3月中旬,一股寒流迅速袭向海南省香蕉产业:因为"有毒"的谣言,香蕉价格大跌,一些市县田头收购价甚至跌到0.2元/千克,仍然乏人问津。

香蕉是世界贸易第四大农产品,海南省的种植面积达到69万亩,产业化水平在全国位居前列,遭此大难,广大蕉农自然苦不堪言。流言起,产业伤,对于海南农业来说,已经不是第一次。2005年是树仔菜,2006年是西瓜。树仔菜至今未恢复元气,而香蕉又惨遭重创。对于流言,普通消费者往往抱着"宁信其有,不信其无"的心态。因此,面对这样的公共危机事件,我们需要更迅速、更主动消弭,让寒流尽快散去。近日,"吃香蕉会致癌"的谣言传播迅速,海南蕉农也受累于谣言,产品销路大受影响。

海南省香蕉协会副秘书长邹增光紧急约见记者,郑重承诺海南香蕉为健康安全水果,"香蕉致癌"纯属谣言,如果食用香蕉致癌,海南省香蕉协会愿意承担一切后果和责任,希望广大消费者放心吃香蕉。

据调查了解,当前一些人流传"吃了香蕉会致癌"的说法,源自3月中旬有媒体报道广东3 000多公顷香蕉植株患"蕉癌"。海南省植保站副站长李鹏介绍,事实上,被称为"蕉癌"的"镰刀菌枯萎病""黄叶病""巴拿马病",虽然难以根治,香蕉植株之间容易感染,但香蕉感染枯萎病与香蕉果实没有关系。因为"巴拿马病"只感染香蕉树,不进入香蕉果。患病的香蕉植株不会结果,结果的香蕉植株肯定是不染病的。

海南省农科院植保所所长、研究员陈绵才进一步解释说,香蕉"巴拿马病"是植物病原物引起的,在香蕉树的维管束内繁殖,香蕉树感染这种病原物,轻者长不大,不挂果,重者香蕉树枯死。这种植物性病原物一般通过土壤或水等在香蕉树之间传播,在植物与动物之间不传播。陈绵才说,这种植物病原物不能进入香蕉果内,也不会对人体、动物体产生危害。这种植物病原物在地球上发现已有几十年,但目前没有发现一例对人体或动物体产生危害的。

海南省绿色食品办公室主任莫翠岗说,日本是世界上对食品安全检疫准入极其苛刻的市场,海南香蕉已成功进入日本市场,销量逐年扩大,这足以证明海南香蕉的品质是健康的、安全的。据被媒体报道最初"抛出"国产香蕉将面临灭顶之灾观点的某广东农业专家解释,他的观点是被有的人误读了,"巴拿马病"还只是潜在威胁。海南省农业厅南亚办的谢升标表示,他相信谣言造成的负面影响不会持续太久,香蕉的价格肯定会回升,广大蕉农应继续加强管理,不要轻易放弃。

国家农业部"948"香蕉项目首席专家、多年从事香蕉种植生产研究的张锡炎博士介绍,香蕉不仅不是致癌食品,中外有关科学家证明香蕉具有一定的防癌功效,而且越成熟,其抗癌效能就越高。科学家通过动物试验比较了香蕉、葡萄、苹果、西瓜、菠萝、梨和柿子等多种水果的免疫活性,结果确认香蕉效果最好,能增加白细胞,改善免疫系统的功能,还能产生攻击异常细胞的物质。

资料来源:邓建华、周月光,新华网,2007年4月4日。

案例分析:这一事件说明消费者的偏好是影响消费者需求量多少的一个重要因素。通过影响消费者的需求偏好,进而影响人们对某种商品的需求量,最终可导致该商品价格的上升或者下降。

要想解决蕉农的困境,就要提高香蕉价格;要提高香蕉价格,就要改变人们的消费偏好。通过科学认识香蕉的所谓"巴拿马病"问题,摒弃谣言的蛊惑,使人们恢复对香蕉的喜爱,从而增加对香蕉的需求量,可使香蕉的价格得以提高。

第二部分 练习与思考

一、填空题

1. 需求是_____和_____的统一。
2. 需求表表示某种商品的_____与_____之间的关系。
3. 需求曲线是一条向_____倾斜的曲线。
4. 影响需求的因素主要有_____、_____、_____、_____、_____。
5. 两种互补商品之间价格与需求量成_____方向变动,两种替代商品之间价格与需求量成_____方向变动。

6. 需求定理可用需求函数表示为_____。
7. 同一条需求曲线上的移动称为_____,需求曲线的平行移动称为_____。
8. 供给是_____与_____的统一。
9. 供给表表示某种商品的_____与_____之间的关系。
10. 供给曲线向_____倾斜,表明商品的价格与供给量成_____变动。
11. 影响供给的因素有_____、_____、_____、_____、_____、_____。
12. 在供给与供给量的变动中,价格变动引起_____的变动.而生产技术的变动引起_____的变动。
13. 均衡价格是指一种商品的_____与_____相等时的价格,它在图形上是_____和_____相交时的价格。
14. 需求的变动引起均衡价格_____方向变动,均衡数量_____方向变动。
15. 供给的变动引起均衡价格_____方向变动,均衡数量_____方向变动。
16. 供给的减少和需求的增加将引起均衡价格_____。
17. 价格机制调节经济的条件是_____、_____、_____。
18. 支持价格一定_____均衡价格,限制价格一定_____均衡价格。
19. 农产品支持价格一般采取了_____和_____两种形式。
20. 需求弹性分为_____、_____、_____。
21. 需求的价格弹性是指_____变动对_____变动的反应程度。
22. 根据需求弹性的弹性系数的大小,可以把需求的价格弹性分为:_____、_____、_____、_____、_____五类,其弹性系数分别为_____、_____、_____、_____、_____。
23. 当某商品的价格上升6%,而需求量减少9%时,该商品属于需求_____弹性。当某商品的价格下降5%,而需求量增加3%时,该商品属于需求_____弹性。
24. 影响需求弹性的因素有:_____、_____、_____、_____、_____等。
25. 如果某种商品是需求富有弹性的,则价格与总收益成_____变动;如果某种商品是需求缺乏弹性的,则价格与总收益成_____变动。
26. 在需求的价格弹性大于1的条件下,卖者适当地降低价格能_____总收益。
27. 在需求的价格弹性小于1的条件下,卖者适当_____价格能增加总收益。

二、选择题

1. 会导致供给曲线向右移动的原因是：（   ）
   A. 技术水平下降　　　　B. 生产成本下降　　　　C. 商品价格下降
2. 汽油的价格上升时，对小汽车的需求量将：（   ）
   A. 减少　　　　　　　　B. 保持不变　　　　　　C. 增加
3. 当咖啡的价格急剧上升时，对茶叶的需求量将：（   ）
   A. 减少　　　　　　　　B. 保持不变　　　　　　C. 增加
4. 消费者预期某物品将来价格要上升，则对该物品的当前需求会：（   ）
   A. 减少　　　　　　　　B. 保持不变　　　　　　C. 增加
5. 需求的变动与需求量的变动：（   ）
   A. 是一回事
   B. 都是由于同一种原因引起的
   C. 需求的变动是由除价格以外的其他因素的变动引起，而需求量的变动是由价格的变动引起
6. 对化妆品需求的减少是指：（   ）
   A. 收入减少而引起的减少
   B. 价格上升而引起的减少
   C. 与需求量的减少相同
7. 需求曲线是一条：（   ）
   A. 向右下方倾斜的曲线
   B. 向左下方倾斜的曲线
   C. 垂线
8. 在同一条需求曲线上，价格与需求量的组合从 A 点移动到 B 点是：（   ）
   A. 需求的变动　　　　　B. 收入的变动　　　　　C. 需求量的变动
9. 供给曲线表示：（   ）
   A. 供给量与价格之间的关系
   B. 供给量与需求之间的关系
   C. 供给量与生产能力之间的关系
10. 鸡蛋的供给量增加是指：（   ）
    A. 由于鸡蛋的需求量增加而引起的增加

B. 由于鸡蛋的价格上升而引起的增加

C. 由于收入的增加而引起的增加

11. 均衡价格是:(   )

A. 供给与需求相等时的价格

B. 固定不变的价格

C. 任何一种市场价格

12. 均衡价格随着:(   )

A. 需求与供给的增加而上升

B. 需求的减少和供给的增加而上升

C. 需求的增加和供给的减少而上升

13. 供给的变动引起:(   )

A. 均衡价格和均衡数量同方向变动

B. 均衡价格反方向变动,均衡数量同方向变动

C. 均衡价格与均衡数量反方向变动

14. 在市场经济中,减少汽油消费量的最好办法是:(   )

A. 宣传多走路、少坐汽车有益于身体健康

B. 降低人们的收入水平

C. 提高汽油的价格

15. 政府为了扶持农业,对农产品实行支持价格。但政府为维持这个高于均衡价格的支持价格,就必须:(   )

A. 实行农产品配给制　　B. 收购过剩的农产品　　C. 增加对农产品的税收

16. 限制价格的运用会导致:(   )

A. 产品大量积压

B. 消费者随时可以购买到自己希望得到的产品

C. 黑市交易

17. 已知某商品的市场需求函数为 $D = 30 - P$,市场供给函数为 $S = 3P - 10$,则均衡点的坐标为:(   )

A. (12,18)　　　　　　B. (10,20)　　　　　　C. (7,11)

18. 需求价格弹性系数的公式是:(   )

A. 需求量与价格之比

B. 价格下降的绝对值除需求量增加的绝对值

C. 价格变化的相对值除需求量变化的相对值

19. 需求完全无弹性可以用:(   )

A. 一条与横轴平行的线表示

B. 一条与纵轴平行的线表示

C. 一条向右下方倾斜的线表示

20. 比较下列三种商品中哪一种商品的需求价格弹性最大:(　　)

A. 面粉　　　　　　B. 大白菜　　　　　　C. 点心

21. 比较下列三种商品中哪一种商品的需求价格弹性最小:(　　)

A. 食盐　　　　　　B. 衣服　　　　　　　C. 化妆品

22. 病人对药品(不包括滋补品)的需求价格弹性:(　　)

A. >1　　　　　　　B. =1　　　　　　　　C. <1

23. 若价格从3元降到2元,需求量从8个单位增加到10个单位,这时卖者的总收益:(　　)

A. 增加　　　　　　B. 保持不变　　　　　C. 减少

24. 已知某种商品的需求是富有弹性的,假定其他条件不变,卖者要想获得更多的收益,应该:(　　)

A. 适当降低价格　　B. 适当提高价格　　　C. 保持价格不变

25. 在下列三种商品中,可以采用"薄利多销"的方法通过降价来增加总收益的商品是:(　　)

A. 化妆品　　　　　B. 面粉　　　　　　　C. 药品

三、判断题

1. 需求量是流量。

2. 需求就是居民户在某一特定时期内,在每一价格水平时愿意购买的商品量。

3. 当咖啡的价格上升时,茶叶的需求量就会增加。

4. 当汽油的价格上升时,大排量汽车的需求量就会减少。

5. 在任何情况下,商品的价格与需求量都是反方向变动的。

6. 如果需求增加,需求量一定增加。

7. 需求曲线是一条向右上方倾斜的曲线。

8. 供给量是存量。

9. 并不是所有商品的供给量都随价格的上升而增加。

10. 假定其他条件不变,某种商品价格的变化将导致供给量变化,但不会引起供给的变化。

11. 生产技术提高所引起的某种商品产量的增加称为供给的增加。

12. 在商品过剩的条件下,厂商之间的竞争会压低价格;反之,在商品短缺时,居民户之间的竞争会抬高价格。

13. 供给的增加将引起均衡价格的上升和均衡数量的减少。

14. 需求的减少会引起均衡价格的下降和均衡数量的减少。

15. 在其他条件不变的情况下,某种商品的价格下降一定会引起需求的增加和供给的减少。

16. 市场经济的基本特征是价格调节经济。

17. 价格只有在一定的条件下才能起到调节经济的作用。

18. 在现实经济中,由供求关系所决定的价格对经济一定是有利的。

19. 支持价格是政府规定的某种产品的最高价格。

20. 某种产品的支持价格一定高于其均衡价格。

21. 限制价格是政府规定的某种产品的最低价格。

22. 某种产品的限制价格一定低于其均衡价格。

23. 为了维持限制价格,政府就要对供给不足的部分实行配给制。

24. 需求的弹性系数是价格变动的绝对量与需求量变动的绝对量的比率。

25. 同一条需求曲线上不同点的弹性系数是不同的。

26. 需求的价格弹性为零意味着需求曲线是一条水平线。

27. 当某种产品的价格上升8%,而需求量减少7%时,该产品是需求富有弹性的。

28. 各种药品(包括营养补品)的需求弹性都是相同的。

29. 卖者提高价格肯定能增加总收益。

30. 卖者提高价格可能会增加总收益。

31. 农产品的需求一般来说缺乏弹性,这意味着当农产品的价格上升时,农场主的总收益将增加。

32. 只有需求富有弹性的商品才能薄利多销。

四、问答题

1. 影响需求的因素有哪些?
2. 需求量的变动与需求的变动有何不同?
3. 影响供给的因素有哪些?
4. 供给量的变动与供给的变动有何不同?

5. 什么是均衡价格？它是如何形成的？

6. 作图并说明需求的变动对市场均衡价格和数量的影响。

7. 作图并说明供给的变动对市场均衡价格和数量的影响。

8. 价格机制调节经济的条件是什么？

9. 价格在经济中的作用是什么？

10. 影响需求弹性的因素有哪些？

11. 根据需求弹性理论解释"薄利多销"和"谷贱伤农"这两句话的含义。

12. 为什么化妆品可以薄利多销而药品却不行？是不是所有的药品都不能薄利多销？为什么？

五、计算题

1. 某种商品的需求价格弹性系数为1.5，当它降价8%时，需求量会增加多少？

2. 某种商品原先的价格为10元，后降至8元，原先的需求量为150件，降价后的需求量为180件。该商品的需求价格弹性系数为多少？属于哪一种需求弹性？

3. 某种化妆品的需求价格弹性系数为3，当其价格由2元降为1.5元时，需求量会增加多少？假设当价格为2元时，需求量为2 000瓶，降价后需求量应该为多少？

4. 假设汽油的需求价格弹性系数为0.15，现价格为每加仑1.20美元，试问汽油价格上涨为多少美元一加仑才能使其消费量减少10%？

六、案例分析题

1. 矿物资源价格的长期表现

20世纪70年代初期是一个公众关心地球自然资源的时期。类似罗马俱乐部的组织曾经预言,我们的能源和矿物资源将很快耗尽,所以这些产品的价格会飞涨,并使经济停止增长。地球确实只有一定量的铜、铁、煤等矿物,但是,在20世纪里,这些矿物以及其他绝大多数矿物资源的价格相对于总体价格来说是下降了或基本保持不变。尽管价格在短期内有些变动,但从长期来看没有出现显著的价格上涨,即使现在的消费量大约是1880年的20倍。类似的格局也体现在其他矿物资源上,如石油。

分析与思考：请用微观经济学的观点来解释这种格局的发生。

2. 汽油价格与小型汽车的需求

如果市场对某几种产品的需求相互影响，纠缠不清，可能出现什么情况呢？其中一种情况就是，导致一种产品的价格发生变化的因素，将同时影响对另一种产品的需求。举例而言，在20世纪70年代，美国的汽油价格上升，这一变化马上对小型汽车的需求产生了影响。

回顾70年代，美国市场的汽油价格有两次上升，第一次发生在1973年，当时石油输出国组织切断了对美国的石油输出；第二次是在1979年，由于伊朗国王被推翻而导致该国石油供应瘫痪。经过这两个事件，美国的汽油价格从1973年的每加仑0.27美元急剧猛增到1981年的每加仑1.40美元。作为"轮子上的国家"，石油价格急剧上升当然不是一件小事，美国人面临一个严峻的节省汽油的问题。

既然公司和住宅的距离不可能缩短，人们只好继续奔波于两地之间。美国司机找到的解决办法之一就是当他们需要放弃自己的旧车、购置新车的时候，选择较小型的汽车，这样每加仑汽油就可以多跑一段距离。分析家们根据汽车的大小来分类确定其销售额。就在第一次汽油价格上升之后，每年大约出售250万辆大型汽车、280万辆中型汽车以及230万辆小型汽车。到了1985年，这三种汽车的销售比例出现明显变化，当年售出150万辆大型汽车、220万辆中型汽车以及370万辆小型汽车。由此可见，大型汽车的销售量自20世纪70年代以来迅速下降，相反小型汽车的销售量却持续攀升，只有中型汽车勉强算是保持了原有水平。

对于任何产品的需求曲线均假设其互补品的价格保持恒定。以汽车为例，它的互补品之一就是汽油。汽油价格上升导致小型汽车的需求曲线向右移动，与此同时大型汽车的需求曲线向左移动。造成这种变化的理由是显而易见的。假设你每年需要驾驶汽车行驶15 000英里，每加仑汽油可供一辆大型汽车行驶15英里，如果是一辆小型汽车就可以行驶30英里。这就是说，如果你坚持选择大型汽车，每年你必须购买1 000加仑汽油，如果你可以满足于小型汽车，那么你只需购买一半的汽油，也就是500加仑就足够了。当汽油价格处于1981年的最高点，即每加仑1.40美元的时候，选择小型汽车意味着每年你可以节省700美元。即便你曾经是大型汽车的拥有者，在这种情况下，在每年700美元的数字面前，也可能要重新考虑一下小型汽车的好处。

分析与思考：相关商品价格对需求有何影响？如何用曲线图反映这种影响？

3. 弹性理论

假如你是一个大型艺术博物馆的馆长。你的财务经理告诉你，博物馆缺乏资金，并建议你考虑改变门票价格以增加总收益。你将怎么办呢？你是提高门票价格，还是降低门票价格?

回答取决于需求弹性。如果参观博物馆的需求是缺乏弹性的,那么,提高门票价格就会增加总收益。但是如果需求是富有弹性的,那么提高价格就会使参观者人数减少得如此之多,以至于总收益会减少。在这种情况下,你应该降价,参观者人数会增加得如此之多,以至于总收益会增加。

为了估算需求的价格弹性,你需要请教统计学家。他们会用历史数据来研究门票价格变化时,参观博物馆人数的逐年变动情况。或者他们也可以用国内各种博物馆的数据来说明影响参观人数的其他因素——天气、人口、藏品多少等——以便把价格因素独立出来。最后,这种数据分析会提供一个关于需求价格弹性的大致估算,你可以用这种估算来决定对你的财务问题做出什么反应。

分析与思考:

(1) 什么是需求弹性? 你认为博物馆应提高门票价格,还是降低门票价格?

(2) 影响需求弹性的因素有哪些?

(3) 你所在城市的公园门票定价高低如何? 你怎样看待这种现象? 你能找一种合理的定价方法吗?

习题参考答案

一、填空题

1. 购买欲望;购买能力
2. 需求量;价格
3. 右下方
4. 商品本身的价格;其他商品的价格;消费者的收入水平;消费者嗜好;消费者对未来的预期
5. 反;正
6. $D = a - b \cdot P$
7. 需求量的变动;需求的变动
8. 供给欲望;供给能力
9. 供给量;价格

10. 右上方;正向

11. 厂商的目标;商品本身的价格;其他商品的价格;资源的供给与资源价格;生产技术的变动;政府的政策;厂商对未来的预期

12. 供给量;供给

13. 需求量;供给量;需求曲线;供给曲线

14. 正;正

15. 反;正

16. 上升

17. 各经济单位作为独立的经济实体存在;存在市场;市场竞争的完全性

18. 高于;低于

19. 缓冲库存法;稳定基金法

20. 需求价格弹性;需求收入弹性;需求交叉弹性

21. 需求量;价格

22. 完全无弹性;无限弹性;单位弹性;缺乏弹性;富有弹性;$E_d = 0$;$E_d \to \infty$;$E_d = 1$;$0 < E_d < 1$;$E_d > 1$

23. 富有;缺乏

24. 消费者对商品的需求程度;商品的可替代性;商品本身的用途;商品使用时间的长短;商品在家庭支出中所占的比重

25. 反向;正向

26. 增加

27. 提高

二、选择题

1—5 BACCC;6—10 AACAB;11—15 ACBCB;16—20 CBCBC;21—25 ACCAA

三、判断题

1—5 √×√√×;6—10 √××√√;11—15 √√×√×;16—20 √√××√;21—25 ×√√×√;26—30 ××××√;31—32 √√

四、问答题

1. 影响需求的因素很多,有经济因素,也有非经济因素,概括起来主要有以下几种:第一,商品本身的价格;第二,其他商品的价格;第三,消费者的收入水平;第四,消费者嗜好;第五,消费者对未来的预期。总之,影响需求的因素是多种多样的,有些主要影响需求欲望(如消费者嗜好与消费者对未来的预期),有些主要影响需求能力(如消费者的收入水平)。这些因素的共同作用决定了需求。

2. 需求量的变动是指在其他条件不变的情况下,商品本身价格变动所引起的需求量的变动,表现为同一条需求曲线上的移动。

   需求的变动是指商品价格不变的情况下,其他因素变动引起的需求变动,表现为需求曲线的平行移动。

3. 影响供给的因素很多,有经济因素,也有非经济因素,概括起来主要有以下几种:第一,厂商的目标;第二,商品本身的价格;第三,其他商品的价格;第四,资源的供给与资源价格;第五,生产技术的变动;第六,政府的政策;第七,厂商对未来的预期。影响供给的因素要比影响需求的因素复杂得多。在不同的时期、不同的市场上,供给要受多种因素的综合影响。

4. 供给量的变动是指在其他条件不变的情况下,商品本身价格变动所引起的供给量的变动,表现为同一条供给曲线上的移动。

   供给的变动是指商品价格不变的情况下,其他因素变动引起的供给变动,表现为供给曲线的平行移动。

5. 均衡价格是一种商品需求和供给相等时的价格。对均衡价格的理解应注意三点:第一,均衡价格是由于需求和供给两种力量的作用使价格处于一种相对静止、不再变动的状态;第二,决定均衡的是需求和供给,需求和供给的变动都会影响均衡价格的变动;第三,市场上各种商品的均衡价格是最终结果,其形成过程是在市场的背后自发进行的。

6. 需求增加,需求曲线向上方移动,均衡价格上升,均衡数量增加。需求减少,需求曲线向下方移动,均衡价格下降,均衡数量减少。(图略)

7. 供给增加,供给曲线向下方移动,均衡价格下降,均衡数量增加。供给减少,供给曲线向上方移动,均衡价格上升,均衡数量减少。(图略)

8. 价格机制又称市场机制,是指价格调节社会经济生活的方式与规律。价格机制能起到调节经济的作用需要具备三个条件:第一,各经济单位作为独立的经济实体存在。它们根据最大化的原则(居民户消费的唯一目的是满足程度(即效用)最大化,企业生产的唯一目的是利润最大化)而做出自己的消费或生产决策。第二,存在市场。市场是各经济单位发生关系进行交易的场所。这里所说的市场包括劳动力市场、商品市场和金融市场。价格对经济的调节作用正是通过市场来实现的。第三,市场竞争的完全性。这就是说,市场上的竞争不应受到任何限制或干扰,特别是价格只由市场上的供求关系所决定,而不受其他因素的影响。换句话说,也就是没有垄断或国家干预市场活动。

9. 价格在经济中的具体作用是:第一,作为指示器反映市场的供求状况。某种商品的价格上升,就表示这种商品的需求大于供给;反之,这种商品的价格下降,就表示它的需求小于供给。第二,价格的变动可以调节需求。提价可以减少需求,降价可以增加需求。第三,价格的变动可以调节供给。提价可以增加供给,降价可以减少供给。第四,价格可以使资源配置达到最优状态。通过价格对需求与供给进行调节,最终会使需求与供给相等。当需求等于供给时,消费者的欲望得到了满足,生产者的资源得到了充分利用。社会资源通过价格分配于各种用途上,这种分配使消费者的效用最大化和生产者的利润最大化得以实现,从而这种配置就是最优状态。

10. 有这样几种因素影响着需求弹性的大小:第一,消费者对某种商品的需求程度。即越是生活必需品,其需求弹性越小。第二,商品的可替代程度。如果一种商品有许多替代品,那么,该商品的需求就富有弹性。第三,商品本身用途的广泛性。一种商品的用途越广泛,其需求弹性也就越大,而一种商品的用途越狭窄,则其需求弹性也就越小。第四,商品使用时间的长短。一般来说,使用时间长的耐用消费品需求弹性大,而使用时间短的非耐用消费品需求弹性小。第五,商品在家庭支出中所占的比例。在家庭支出中所占比例小的商品,价格变动对需求的影响小,所以其需求弹性也小。某种商品的需求弹性到底有多大,是由上述这些因素综合决定的,不能只考虑其中的一种因素。而且,某种商品的需求弹性也因时期、消费者收入水平和地区而不同。

11. 需求富有弹性的商品价格下降而总收益增加,这就是薄利多销。薄利就是降价,降价就能多销,由于销量的增加程度大于价格下降的程度,因此最后的总收益是增加的。

谷贱伤农是指虽然丰收了,但由于粮价下降,农民的收入反而减少了。因为粮食是生活必需品,需求缺乏弹性,由于丰收造成的粮食价格下降,并不会使需求量同比增长,从而总收益减少,农民受损失。

12. 因为化妆品的需求价格弹性大,可以薄利多销。药品的需求价格弹性小,属于缺乏弹性的商品,不能够降价促销。但是对于一些保健性质的药品可以适当降价,以此增加销售量。

五、计算题

1. 12%
2. $E_d = 1$,单位弹性
3. 需求会增加75%,降价后的需求量为3 500瓶
4. 价格上涨至2美元

六、案例分析题

1. 提示:此题结合均衡价格理论,分析供求变化对价格的影响。
2. 提示:此题结合互补商品价格对需求的影响来分析,可分别做出石油市场和汽车市场的供求曲线图形,来说明石油价格上涨如何导致大型汽车需求减少和小型汽车需求增加的结果。
3. 提示:此题的回答取决于消费者对游览博物馆或公园的需求价格弹性,以及你判断它属于富有弹性或缺乏弹性的理由。

第三章　消费者行为理论

第一部分　学习指导[①]

- ## 学习目的与要求

  1. 了解基数效用论与序数效用论的基本观点。
  2. 掌握总效用与边际效用的关系。
  3. 理解边际效用递减规律的含义。
  4. 掌握消费者均衡的含义及条件。
  5. 掌握无差异曲线与消费可能线的含义。
  6. 掌握利用无差异曲线和消费可能线解释消费者均衡。

- ## 学习方法

  在把握基本概念的基础上,学会用基数效用论和序数效用论分析消费者均衡问题,注意这两种分析方法和分析结论的异同。

- ## 重点与难点

  1. 总效用与边际效用的关系
  2. 边际效用递减规律的含义
  3. 消费者均衡的含义及条件
  4. 无差异曲线的含义与特征
  5. 序数效用论对消费者均衡的解释

---

① 此章对应《西方经济学导论》第三章消费者行为理论。

• 知识框架

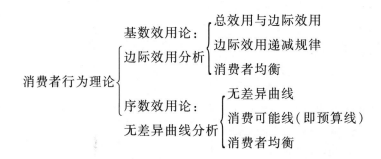

• 案例导入

春晚怪圈

从20世纪80年代初期开始,我国老百姓在年夜饭后又增添了一顿文化大餐,那就是春节联欢晚会。1982年第一届春晚的上演,在当时娱乐事业尚不发达的我国引起了极大的轰动。晚会的节目成为全国老百姓在街头巷尾和茶余饭后津津乐道的题材。晚会年复一年地办下来,投入的人力和物力越来越大,技术效果越来越先进,场面设计越来越宏大,节目种类也越来越丰富。但不知从哪一年开始,人们对春晚的评价却越来越差了。原来街头巷尾和茶余饭后的赞美之词变成了一片骂声,春晚成了一道众口难调的大菜,晚会陷入了"年年办,年年骂;年年骂,年年办"的怪圈。

有人认为如今的春晚比的不再是节目的思想性、艺术性和观赏性,反而正在逐步走上拼明星、拼舞美、拼特技、拼怪异的畸形发展道路。拼明星、舞美和特技,实质上就是拼人民币;只注重标新立异地混搭,却完全不考虑适合与否,这根本就是披着混搭外衣的噱头。还有人认为春晚的"扎堆"现象也非常明显,以至于老百姓看得眼花缭乱,甚至产生了审美疲劳。追根溯源,举办春晚的本意是为老百姓送上一道丰盛的"年夜饭",反观现在,举办春晚的目的恐怕与初衷背道而驰,渐行渐远了。我们不禁要问:春晚的出路到底在何方?春晚的怪圈反映了什么经济学原理?

资料来源:编者根据网络资料整理。

案例分析: 产生这种现象的原因就是边际效用递减规律。在其他条件不变的前提下,当一个人在消费某种物品时,随着消费量的增加,他从中得到的效用越来越少。边际效用递减规律虽然是一种主观感受,但在其背后也有生理学的基础:反复接受某种刺激,反应神经就会越来越迟钝。第一届春晚让我们欢呼雀跃,但是举办次数多了,由于刺激反应弱化,尽管节目本身的质量在整体提升,但人们对春晚的感觉却越来越差。

富翁和乞丐:1元钱意味着什么

谁能从额外的1元中获得更多效用?是穷人还是百万富翁?绝大多数人会说穷人所获得的效用更多,因为穷人的钱比富翁少得多。"对一个百万富翁来说,额外的1元算得了什么?"他们会这样问。然后他们会说:"这算不了什么。富翁那么有钱,再多1元也没什么意义。"

有人认为边际效用递减规律能够说明,富翁从额外的1元中获得的效用要比穷人少,然而不幸的是,这是对边际效用递减规律的误解。在这个例子中,边际效用递减规律所说明的是,对富翁来讲,额外的1元的价值低于先前的1元;对穷人而言,额外的1元的价值也低于他先前拥有的1元。我们假设富翁有200万元,而穷人只有1 000元。现在我们再给他们每个人1元。边际效用递减规律所说的是,这额外的1元的价值对富翁而言低于他的第200万元,同样这额外的1元的价值对穷人来说也低于他的第1 000元。我们不知道,也不可能知道,这额外的1元对富翁来讲比对穷人来讲更有价值,或者更没有价值。总而言之,边际效用递减规律只能说明富翁和穷人各自的情况(对他们而言,最后1元同样没有先前的1元来得值钱),但是它不能用来说明富翁的效用和穷人相比会怎么样。

要比较富翁和穷人各自从这额外的1元当中所获得的效用,就陷入了所谓的效用的人际间比较(interpersonal utility comparison)的陷阱。一个人从某种产品中获得的效用不能跟另一个人从同一件产品中获得的效用进行科学客观的比较,因为效用是主观的东西。谁能肯定地知道,富翁从额外的1元当中所获得的满意度(效用)和穷人所获得的效用相比是多少?穷人可能不怎么喜欢钱,他可能会回避它,并认为贪恋钱财是万恶之源,他宁愿享用一些不需要钱的东西。同时,可能富翁的唯一爱好就是聚敛更多的财富。我们不能随意地"猜测"某人从消费某物当中所获得的效用,再把它和我们对于另一个人从消费某物当中所获得的效用的"猜测"进行比较,并把这些"猜测"称为客观的事实。

资料来源:张杰,《西方经济学》,南开大学出版社,2011年4月。

案例分析:这里反映了边际效用的主观性以及消费者均衡条件。

● 引申阅读

信子裙和大岛茂风衣

20世纪80年代中期,日本电视连续剧《血疑》曾风靡神州大地。

女主人公信子和他父亲大岛茂的故事使不少人感动得流泪,精明的商家从中看出了市场机遇。上海一家服装厂推出了信子裙,北京一家服装厂推出了大岛茂风衣。但结果很不一样。上海的厂家大获其利,北京的厂家却亏本了。其原因在于不同消费者的不同行为。效用理论正是解释消费者行为的。

消费者购买物品是为了从消费这种物品中得到物质或精神的满足。经济学家把这种满足称为效用。满足程度高就是效用大,满足程度低就是效用小。消费者消费行为的目的是实现效用最大化。效用理论正是要说明消费者在收入与商品价格既定时如何实现效用最大化。

经济学所说的效用不同于物品本身的使用价值。使用价值产生于物品的属性,是客观的;效用是消费者消费某物品时的感受,是主观的。某种物品给消费者带来的效用因人而异,效用大小完全取决于个人偏好,没有客观标准。庄子说:子非鱼,安知鱼之乐乎?这形象地说明了效用的主观性。鱼在水中畅游是被生存所逼苦不堪言,还是悠然自得其乐无穷,只能由鱼自己的感受来决定。

同样,都是根据《血疑》而开发的衣服却有不同的命运,就是因为女中学生与中年男子从衣服中得到的效用不同。女中学生崇尚信子,穿信子裙可以得到极大的效用。中年男子虽然尊敬大岛茂这样的父亲,但并不以穿同样的衣服为荣,大岛茂风衣对他们并没有什么特殊效用。

消费者根据他们从物品中得到的效用来决定自己愿意支付的价格(即需求价格)。效用大,即消费者对物品主观评价高,消费者才愿意出高价。女中学生认为信子裙带来的效用大,即主观评价高,所以,愿意用高价购买,厂家当然获利。但中年男子并不认为大岛茂风衣有什么效用,即主观评价低,所以,不愿意出高价,当厂家的定价高于他们的需求价格时便卖不出去,面临亏损。

效用理论中有一个重要的规律是边际效用递减规律。边际效用是指某物品消费量增加一单位所增加的效用。边际效用递减是指随着某种物品消费量的增加,所带来的边际效用是递减的,这种现象普遍存在,被称为一个规律。

这种现象从生理学上来解释,就是神经元对等量外界刺激的条件反射强度随刺激次数的增加而递减。消费者购买物品就是提供一种刺激,神经元的反射就是满足式效用。中国人爱说,好吃不过饺子。其实让你天天吃饺子,你肯定受不了,这就是边际效用递减规律的证明。

信子裙和大岛茂风衣的故事也同样包含边际效用递减的含义。在女中学生看来,信子裙和其他裙子不同,尽管已经有不少其他裙子,但多买一条信子裙是买了另一件物品,不会有边际效用递减。而在中年男子看来,大岛茂风衣和其他风衣没有什么不同,如果已有一件风衣,再买一件大岛茂风衣就有了两件同样的风衣,边际效用肯定递减。这样,女中学生愿意出高价买信子裙,而中年男子甚至不愿意用同样的价格买一件大岛茂风衣。上海厂家赚、北京厂家亏就是必然的了。

效用理论是分析消费者行为的,但对企业也有意义。企业要为消费者服务,生产能给消费者带来更大效用的物品。效用取决于消费者的主观评价,企业必须研究消费者心理。一家服装企业如果总生产同一种衣服,消费者只买一件就够了。如果生产出不同式样、颜色的衣服,消费者多买几件也不存在边际效用递减,服装的销路也就增加了。现在市场需求不足的一个重要原因,正是企业生产出了大量相同的物品,消费者买了要效用递减,谁会问津呢?在这种意义上可以说,没有卖不出的产品,只有消费者不需要的产品。这种产品就是引起效用递减的产品。

上海的厂家增加了裙子产量而没有引起边际效用递减,北京的厂家增加了风衣的产量而引起边际效用递减,其根源在于对消费者心理了解的深度不同。

资料来源:梁小民,《微观经济学纵横谈》,三联书店出版社,2000年8月。

第二部分　练习与思考

一、填空题

1. 基数效用论采用的是_____分析法,序数效用论采用的是_____分析法。
2. 当边际效用为正数时,总效用_____;当边际效用为零时,总效用_____;当边际效用为负数时,总效用_____。
3. 用公式表示消费者均衡的条件:(1)_____;(2)_____。
4. 无差异曲线是用来表示两种商品的不同数量的组合给消费者所带来的_____完全相同的一条曲线。

5. 无差异曲线是一条向_____倾斜的曲线,其斜率为_____。

6. 在同一个无差异曲线图上,离原点越远的无差异曲线所代表的效用越_____,离原点越近的无差异曲线所代表的效用越_____。

二、选择题

1. 根据美国经济学家萨缪尔森的"幸福方程式",使幸福增加的有效方法是:(　　)

　　A. 提高欲望的同时,增加效用

　　B. 减少欲望的同时,减少效用

　　C. 欲望不变而提高效用

2. 某消费者逐渐增加某种商品的消费量,直至达到了效用最大化。在这个过程中,该商品的:(　　)

　　A. 总效用和边际效用不断增加

　　B. 总效用不断下降,边际效用不断增加

　　C. 总效用不断增加,边际效用不断下降

3. 下列哪种情况是边际效用:(　　)

　　A. 面包的消费量从一个增加到两个,满足程度从 5 个效用单位增加到 8 个效用单位,即增加了 3 个效用单位

　　B. 消费两个面包获得的满足程度为 13 个效用单位

　　C. 消费两个面包,平均每个面包获得的满足程度为 6.5 个效用单位

4. 总效用曲线达到最高点时:(　　)

　　A. 边际效用曲线达到最大点

　　B. 边际效用为零

　　C. 边际效用为正

5. 如果某种商品的边际效用为零,这意味着这种商品的:(　　)

　　A. 总效用达到最大　　　B. 总效用降至最小　　　C. 总效用为零

6. 在以下三种情况中,实现了消费者均衡的是:(　　)

　　A. $MU_X/P_X < MU_Y/P_Y$　　B. $MU_X/P_X > MU_Y/P_Y$　　C. $MU_X/P_X = MU_Y/P_Y$

7. 已知消费者的收入为 50 元,商品 X 的价格为 5 元,商品 Y 的价格为 4 元。假定该消费者计划购买 6 单位 X 商品和 5 单位 Y 商品,商品 X 和 Y 的边际效用分别为 60 和 30,如要得到最大效用,他应该:(　　)

A. 增加 X 和减少 Y 的购买量

B. 增加 Y 和减少 X 的购买量

C. 同时减少 X 和 Y 的购买量

8. 已知商品 X 的价格为 1.5 元,商品 Y 的价格为 1 元,如果消费者从这两种商品中得到最大效用的时候,商品 Y 的边际效用是 30,那么商品 X 的边际效用应该是:( )

A. 20　　　　　　　B. 30　　　　　　　C. 45

9. 无差异曲线:( )

A. 向右上方倾斜　　　B. 向右下方倾斜　　　C. 是一条垂线

10. 在同一个平面图上有:( )

A. 三条无差异曲线

B. 无数条无差异曲线

C. 许多但数量有限的无差异曲线

11. 消费可能线上每一点所反映的可能购买的两种商品的数量组合是:( )

A. 相同的　　　　　B. 不同的　　　　　C. 在某些场合下相同

12. 两种商品的价格按相同的比例上升,而收入不变,则消费可能线:( )

A. 向左下方平行移动　B. 向右上方平行移动　C. 不发生变动

13. 将无差异曲线与消费可能线结合在一起分析,消费者均衡是:( )

A. 无差异曲线与消费可能线的相切之点

B. 无差异曲线与消费可能线的相交之点

C. 离原点最远的无差异曲线上的任何一点

14. 消费行为本身:( )

A. 仅仅是个人决策问题

B. 仅仅是社会决策问题

C. 既是个人决策又是社会决策问题

15. 预算线反映了:( )

A. 消费者的收入约束　B. 消费者偏好　　　C. 货币的购买力

三、判断题

1. 同一商品的效用因人、因时、因地的不同而不同。

2. 效用就是使用价值。

3. 基数效用论采用的分析方法是无差异曲线分析法。

4. 只要商品的数量在增加,边际效用大于零,消费者得到的总效用就一定在增加。

5. 当消费者从物品消费中所获得的总效用不断增加时,边际效用总是正的。

6. 如果消费者从每一种商品中得到的总效用与它们的价格之比分别相等,他将获得最大效用。

7. 在同一条无差异曲线上,不同的消费者所得到的总效用是无差别的。

8. 两条无差异曲线的交点所表示的商品组合,对于同一个消费者来说具有不同的效用。

9. 在消费者的收入和商品的价格一定的条件下,消费可能线是一条确定的直线。

10. 在无差异曲线与消费可能线的交点上,消费者所得到的效用达到最大。

11. 无差异曲线离原点越远,表示消费者所得到的总效用越小。

12. 如果消费者的收入增加而商品的价格不变,则无差异曲线向右上方平行移动。

13. 消费者均衡之点可以是无差异曲线与消费可能线的相切点。

14. 在任何一个社会中,消费都是消费者个人的事,政府不必用政策进行调节。

15. 个人消费不会对社会带来不利的影响。

四、计算题

1. 根据下表计算:

面包的消费量	总效用	边际效用
1	20	20
2	30	
3		5

(1) 消费第二个面包时的边际效用是多少?

(2) 消费三个面包的总效用是多少?

2. 某消费者的收入为 120 元,用于购买 X 和 Y 两种商品,X 商品的价格 $P_X = 20$ 元,Y 商品的价格 $P_Y = 10$ 元。

(1) 计算出该消费者所购买的 X 和 Y 有多少种数量组合,各种组合的 X 商品和 Y 商品各是多少?

(2) 做出一条消费可能线。

(3) 所购买的 X 商品为 4、Y 商品为 6 时,应该是哪一点?在不在消费可能线上?

它说明了什么？

（4）所购买的 X 商品为 3、Y 商品为 3 时，应该是哪一点？在不在消费可能线上？它说明了什么？

3. 当 X 商品的价格为 20 元、Y 商品的价格为 10 元时，各种不同数量的 X 和 Y 商品的边际效用如下表所示：

Q_X	MU_X	Q_Y	MU_Y
1	16	1	10
2	14	2	8
3	12	3	7.5
4	5	4	7
5	2	5	6.5
6	1	6	6
		7	5.5
		8	5
		9	4.5
		10	4
		11	3.5
		12	3

在购买几单位 X 商品和几单位 Y 商品时，可以实现效用最大化？这时货币的边际效用是多少？

4. 某位消费者的月收入为 1 000 元，可购买两种商品 X 和 Y，其价格分别为 P_X = 40 元，P_Y = 80 元。确定消费可能线方程，该消费可能线方程的斜率是多少？如果月收入从 1 000 元增加到 1 200 元，会不会改变消费可能线的方程式和斜率。

五、问答题

1. 基数效用论和序数效用论的基本观点是什么？它们各采用何种分析方法？
2. 什么是边际效用递减规律？
3. 用公式表示消费者均衡的条件。
4. 什么是无差异曲线？其特征是什么？
5. 什么是消费可能线？
6. 用无差异曲线和消费可能线作图说明如何实现消费者均衡。

习题参考答案

一、填空题

1. 边际效用；无差异曲线
2. 增加；达到最大；减少
3. $P_X \cdot Q_X + P_Y \cdot Q_Y = M$；$MU_X/P_X = MU_Y/P_Y$
4. 效用
5. 右下方；负
6. 大；小

二、选择题

1—5 CCABA；6—10 CACBB；11—15 BAACA

三、判断题

1—5 √××√√；6—10 ×××√×；11—15 ××√××

四、计算题

1. (1) 10

   (2) 35

2. (1) X 和 Y 的组合为(6,0)、(5,2)、(4,4)、(3,6)、(2,8)、(1,10)、(0,12)

   (2) 图略

   (3) 所购买的 X 商品为4、Y 商品为6时，不在消费可能线上，它说明这种商品组合是当前预算难以满足的

（4）所购买的 X 商品为 3、Y 商品为 3 时,不在消费可能线上,它说明这种商品组合没有完全实现预算

3. 购买 3 单位的 X 商品和 6 单位的 Y 商品时,所获得的总效用最大,此时货币的边际效用为 0.6。

4. $40X + 80Y = 1\,000$,斜率为 $-\dfrac{1}{2}$;$40X + 80Y = 1\,200$,斜率不变,截距改变

五、问答题

1. 基数效用论是研究消费者行为的一种理论。其基本观点是:效用是可以计量并加总求和的,因此,效用的大小可以用基数(1,2,3……)来表示,正如长度单位可以用米来表示一样。根据这种理论,可以用具体的数字来研究消费者效用最大化问题。基数效用论采用的是边际效用分析法。

序数效用论是为了弥补基数效用论的缺点而提出来的另一种研究消费者行为的理论。其基本观点是:效用作为一种心理现象无法计量,也不能加总求和,只能表示出满足程度的高低与顺序,因此,效用只能用序数(第一,第二,第三……)来表示。序数效用论采用的是无差异曲线分析法。

2. 随着所消费的某物品数量的增加,该物品对消费者的边际效用是递减的。一物的边际效用随其数量的增加而减少,这种现象普遍存在于一切物品,所以这种边际效用递减的趋势被称为边际效用递减规律。

3. 在 $P_X \cdot Q_X + P_Y \cdot Q_Y = M$ 的限制条件下,消费者均衡的条件是:$MU_X/P_X = MU_Y/P_Y$。

4. 无差异曲线表示两种商品或者两组商品的不同数量组合给消费者提供的效用是完全相同的。无差异曲线具有以下特征:第一,无差异曲线是一条向右下方倾斜的曲线,其斜率为负值。第二,在同一平面图上可以有无数条无差异曲线。离原点越远的无差异曲线,所代表的效用越大。第三,在同一平面图上,任意两条无差异曲线不能相交。第四,无差异曲线是一条凸向原点的线。

5. 消费可能线又称家庭预算线,或等支出线,它是一条表明在消费者收入与商品价格既定的条件下,消费者所能购买到的两种商品数量最大组合的线。

6. 如果把无差异曲线与消费可能线画在一个图上,那么,消费可能线必定与无数条无差异曲线中的一条相切于一点,在这个切点上,就实现了消费者均衡。由于在此切点上无差异曲线的斜率等于消费可能线的斜率,因此,消费者均衡满足的条件是边际替代率等于两个商品的价格之比,即 $MRS_{XY} = P_X/P_Y$。(图略)

第四章 生产理论

第一部分 学习指导[①]

● 学习目的与要求

1. 了解生产中短期与长期的划分依据。
2. 理解边际收益递减规律的含义。
3. 掌握总产量、平均产量、边际产量的含义及相互关系。
4. 理解一种要素的合理投入范围。
5. 掌握规模经济、内在经济与内在不经济、外在经济与外在不经济等概念的含义。
6. 掌握用边际分析法和等产量分析法分析生产要素最适组合问题。

● 学习方法

本章从短期和长期两个角度研究生产中的投入与产出问题,在掌握分析工具的基础上学会分析生产要素投入与组合问题的两种方法,注意与消费者行为理论在分析方法和分析结论上的异同。

● 重点与难点

1. 边际收益递减规律
2. 总产量、平均产量、边际产量的含义及相互关系
3. 一种要素的合理投入
4. 等产量线与等成本线的含义与特征
5. 用等产量分析法分析生产要素最适组合

[①] 此章对应《西方经济学导论》第四章生产理论的第一节和第三节,第二节和第四节的内容请见下一章。

知识框架

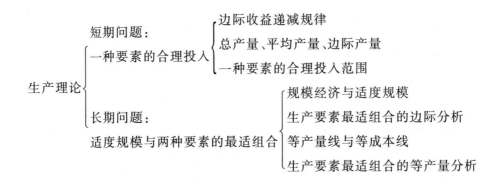

案例导入

分工与专业化

亚当·斯密在其名著《国富论》中根据他对一个扣针厂的参观描述了一个例子。斯密所看到的工人之间的专业化和引起的规模经济给他留下了深刻的印象。他写道："一个人抽铁丝,另一个人拉直,第三个人截断,第四个人削尖,第五个人磨光顶端以便安装圆头;做圆头要求有两三道不同的操作;装圆头是一项专门的业务,把针涂白是另一项;甚至将扣针装进纸盒中也是一门职业。"

斯密说,由于这种专业化,扣针厂每个工人每天可以生产几千枚针。他得出的结论是,如果工人选择分开工作,而不是作为一个专业工作团队,"那他们肯定不能每人每天制造出 20 枚扣针,或许连 1 枚也造不出来"。换句话说,由于专业化,大扣针厂可以比小扣针厂实现更高的人均产量和每枚扣针更低的平均成本。

斯密在扣针厂观察到的专业化在现在经济中普遍存在。例如,如果你想盖一个房子,你可以自己努力去做每一件事。但大多数人会找建筑商,建筑商又雇用木匠、瓦匠、电工、油漆工和许多其他类型工人。这些工人专门从事某种工作,而且,这使他们比作为通用型工人时做得更好。实际上,运用专业化实现规模经济是现代社会如此繁荣的一个原因。

资料来源:编者根据《国富论》(人民日报出版社 2009 年版)整理。

案例分析:在斯密看来,分工有利于劳动生产率的提高。主要表现在:(1) 分工使劳动者更加专业、技术更加熟练;(2)分工减少了从一道工序到另一道工序的转换时间;(3)分工使劳动者更有可能去发明新的技术和新的机械。

● 引申阅读

王永庆的成功之路

台塑集团老板王永庆被称为"主宰台湾的第一大企业家""华人经营之神"。王永庆不爱读书,小学时的成绩总在最后10名之内,但他吃苦耐劳、勤于思考,终于成就了一番事业。王永庆大概也没有读过什么经济学著作,但他的成功之路却与经济学原理是一致的。

王永庆的事业是从台塑生产塑胶粉粒PVC开始的,当时每月仅产PVC 100吨。王永庆知道,要降低PVC的成本只有扩大产量,所以扩大产量、降低成本,打入世界市场是成功的关键。于是,他冒着产品积压的风险,把产量扩大到1 200吨,并以低价格迅速占领了世界市场。王永庆扩大产量、降低成本的做法正是经济学中的规模经济原理。

王永庆的成功正在于他敢于扩大产量,实现规模收益递增。当时台塑产量低是受台湾地区需求有限的制约。王永庆敏锐地发现,这实际陷入了一种恶性循环:产量越低成本越高,越打不开市场;越打不开市场,产量越低成本越高。打破这个循环的关键就是提高产量,降低成本。当产量扩大到月产1 200吨时,可以用当时最先进的设备与技术,成本大幅度下降,就有进入世界市场、以低价格与其他企业竞争的能力。

当一个企业的产量达到平均成本最低时,就充分利用了规模收益递增的优势,或者说实现了最适规模。应该说,不同行业中最适规模的大小是不同的。一般而言,重工业、石化、电力、汽车等行业的最适规模都很大。这是因为在这些行业中所用设备先进、复杂,最初投资大、技术创新和市场垄断程度高都特别重要。王永庆经营的化工行业正属于这种最适规模大的行业,所以,规模的扩大带来了收益递增。近年来,全世界掀起一股企业合并之风。企业合并无非是为了扩大规模,实现最适规模。合并之风最强劲的是汽车、化工、电子、电信这些产量越多、收益增加越多的行业。世界500强企业也以这些行业的居多。对这些行业的企业而言,"大的就是好的"。

但千万别忘了《红楼梦》中王熙凤的一句话:"大有大的难处。"一个企业大固然有许多好处,但也会引起一些问题。这主要是随着企业规模扩大,管理效率下降,管理成本增加;一个大企业也像政府机构一样会滋生官僚主义;同时,企业规模大也会缺乏灵活性,难以适应千变万化的市场。所以,"大的就是好的"并不适用于一切企业。当企业规模过大引起成本增加、效益递减时就存在内在不经济,发生规模收益递减。对那些大才好的企业来说,要特别注意企业规模大引起的种种问题。王永庆在扩大企业规模和产量的同时,注意降低建厂成本、生产成本和营销成本,并精减人员、提高管理效率,这对他的成功也很重要。对那些未必一定要大的轻工、服务等行业的企业来说,"小的也是美好的"。船小好调头,在这些设备、技术重要性较低,而适应市场能力要强的企业中,就不要盲目追求规模。甚至有些大企业也因管理效率差而拆分,美国IBM公司就曾一分为三。

其实企业并不应一味求大或求小,而应以效益为标准。那种盲目合并企业,以追求进入世界500强的做法往往事与愿违。绑在一起的小舢板绝不是航空母舰。王永庆的成功不在于台塑大,而在于台塑实现了规模收益递增的最适规模。

资料来源:梁小民,《微观经济学纵横谈》,三联书店出版社,2000年8月。

第二部分　练习与思考

一、填空题

1. 生产要素分为_____、_____、_____和_____。
2. 生产一定量某种产品所需要的各种生产要素的配合比例称为_____。
3. 边际收益递减规律发生作用的前提是_____。
4. 在其他生产要素不变时,一种生产要素增加所引起的产量的变动可分为_____、_____、_____三个阶段。
5. 边际产量曲线与平均产量曲线相交于平均产量曲线的_____,在相交前边际产量_____平均产量;在相交后,边际产量_____平均产量;在相交时,边际产量_____平均产量,_____达到最大。
6. 当边际产量为零时,_____达到最大。
7. 产量增加的比率大于生产规模扩大的比率称为_____;产量增加的比率等于生产规模扩大的比率,称为_____;产量增加的比率小于生产规模扩大的比率,称为_____。
8. 用公式表示生产要素最适组合的条件:(1)_____;(2)_____。

9. 等产量线是一条_____原点的线。

10. 等成本线是一条表明在_____与_____既定的条件下，生产者所能购买到的两种生产要素的最大组合的线。

二、选择题

1. 边际收益递减规律的适用条件是：（　　）
   A. 生产技术没有发生重大变化
   B. 不考虑生产技术是否变化
   C. 生产技术发生变化

2. 边际收益递减规律所研究的问题是：（　　）
   A. 各种生产要素同时变动对产量的影响
   B. 其他生产要素不变，一种生产要素变动对产量的影响
   C. 一种生产要素不变，其他几种生产要素变动对产量的影响

3. 当其他生产要素不变，而一种生产要素增加时：（　　）
   A. 总产量会一直增加　　B. 总产量会一直减少　　C. 总产量先增加后减少

4. 当边际产量大于平均产量时：（　　）
   A. 平均产量递增　　　　B. 平均产量递减　　　　C. 平均产量不变

5. 边际产量曲线与平均产量曲线相交之点是在：（　　）
   A. 边际产量大于平均产量时
   B. 边际产量小于平均产量时
   C. 边际产量等于平均产量时

6. 当总产量达到最大时：（　　）
   A. 边际产量为正　　　　B. 边际产量为负　　　　C. 边际产量为零

7. 如果要使总产量达到最大，则一种生产要素的投入应该使：（　　）
   A. 边际产量为零
   B. 边际产量等于平均产量
   C. 边际产量为正数

8. 如果连续地增加某种生产要素，在总产量达到最大时，边际产量曲线与：（　　）
   A. 平均产量曲线相交　　B. 横轴相交　　　　　　C. 纵轴相交

9. 下列说法中错误的是：（　　）

A. 只要总产量减少,边际产量一定是负数

B. 只要边际产量减少,总产量也一定减少

C. 边际产量曲线一定在平均产量曲线的最高点与之相交

10. 规模经济所研究的问题是:(   )

A. 两种生产要素中一种不变而另一种增加时对产量的影响

B. 两种生产要素同时变动时对产量的影响

C. 两种生产要素配合的比例变动对产量的影响

11. 规模收益递减是在下述情况下发生的:(   )

A. 连续地投入某种生产要素而保持其他生产要素不变

B. 按比例地连续增加各种生产要素

C. 不按比例地连续增加各种生产要素

12. 内在经济是指:(   )

A. 一个企业在资本不变而劳动力增加时所引起的产量或收益的增加

B. 一个企业改变劳动与资本使用量的比例而引起的产量或收益的增加

C. 一个企业同时增加资本与劳动时所引起的产量或收益的增加

13. 外在经济是指:(   )

A. 一个行业的扩大对其中每个企业带来的产量或收益的增加

B. 一个企业的扩大给自己带来的产量或收益的增加

C. 整个社会经济的发展给一个企业所带来的产量或收益的增加

14. 在下列行业中,企业规模最大的行业可能是:(   )

A. 服装业　　　　B. 钢铁业　　　　C. 饮食业

15. 在以下三种情况中,哪一种实现了生产要素的最适组合:(   )

A. $MP_L/P_L = MP_K/P_K$　　B. $MP_L/P_L > MP_K/P_K$　　C. $MP_L/P_L < MP_K/P_K$

16. 等产量曲线:(   )

A. 向右上方倾斜　　　B. 向右下方倾斜　　　C. 是一条水平线

17. 等成本线平行向外移动表明:(   )

A. 产量增加

B. 成本增加

C. 生产要素的价格按不同比例提高

18. 将等产量线与等成本线结合在一起分析,两种生产要素的最适组合是:(   )

A. 等产量线与等成本线相交之点

B. 等产量线与等成本线相切之点

C. 离原点最远的等产量线上的任何一点

三、判断题

1. 当其他生产要素不变时,一种生产要素投入越多,则产量越高。
2. 在农业中并不是越密植越好,施肥越多越好。
3. 只要总产量减少,边际产量一定是负数。
4. 只要边际产量减少,总产量也一定在减少。
5. 平均产量曲线可以和边际产量曲线在任何一点上相交。
6. 规模经济和边际收益递减规律所研究的是同一个问题,其结论也相同。
7. 生产规模大可以实行专业化生产并提高管理效率,这样所引起的产量或收益的增加属于外在经济。
8. 一个行业扩大使一个企业可以减少用于交通设施的支出,这样所引起的产量或收益的增加属于外在经济。
9. 一个企业生产规模过大会引起管理效率降低,这样所引起的产量或收益的减少属于内在不经济。
10. 一个行业生产规模过大会引起其中各个厂商竞争加剧,这样所引起的产量或收益的减少属于内在不经济。
11. 无论哪个行业,企业的规模都是越大越好。
12. 一条等产量线的上半部分所代表的产量大于该等产量线下半部分所代表的产量。
13. 在同一平面图上,任意两条等产量线可以相交。
14. 利用等产量线上任意一点所表示的生产要素组合,都可以生产出同一数量的产出。
15. 在同一平面图上,仅有三条不同的等产量线。

四、计算题

1. 若生产函数为 $Q = 72X + 15X^2 - 3X^3$,其中 X 为可变生产要素。试确定:
(1) 边际产量与平均产量方程。

（2）当 $X=7$ 时边际产量为多少？

（3）当 X 为多少时，平均产量开始递减？

（4）当 X 为多少时，总产量最大？其最大值为多少？

2. 已知生产函数为 $Q = KL - 0.5L^2 - 0.3K^2$，Q 表示产量，K 表示资本，L 表示劳动。令上式的 $K=10$ 单位。

（1）写出劳动的边际产量函数和平均产量函数。

（2）分别计算当总产量、平均产量、边际产量达到极大值时厂商雇佣的劳动。

五、问答题

1. 什么是生产要素与生产函数？
2. 什么是边际收益递减规律？
3. 边际收益递减规律是不是适用于一切情况的普遍规律？为什么？
4. 总产量、平均产量和边际产量之间的关系有何特点？
5. 什么是规模经济？
6. 什么是内在经济？引起内在经济的原因主要是什么？
7. 什么是外在经济？引起外在经济的原因主要是什么？
8. 用公式表示生产要素最适组合的条件。
9. 什么是等产量线？它有什么特征？
10. 用图形说明生产要素的最适组合。

习题参考答案

一、填空题

1. 劳动；资本；土地；企业家才能
2. 技术系数
3. 技术水平不变
4. 增加；不变；减少
5. 最高点；高于；低于；等于；平均产量

6. 总产量

7. 规模报酬递增;规模报酬不变;规模报酬递减

8. $P_L \cdot Q_L + P_K \cdot Q_K = C$;$\mathrm{MP}_L/P_L = \mathrm{MP}_K/P_K$

9. 凸向

10. 成本;价格

二、选择题

1—5 ABCAC;6—10 CABBB;11—15 BCABA;16—18 BBB

三、判断题

1—5 ×√√××;6—10 ××√√×;11—15 ×××√×

四、计算题

1.（1）边际产量就是对总产量求导数，$\mathrm{MP} = 72 + 30X - 9X^2$（A）。平均产量就是对总产量除以 X，$\mathrm{AP} = 72 + 15X - 3X^2$（B）。

（2）当 $X = 7$ 时，代入（A）式，边际产量 $\mathrm{MP} = 72 + 30 \times 7 - 9 \times 7 \times 7 = -159$。

（3）$\mathrm{MP} = \mathrm{AP}$，联立（A）(B)两式，得 $X = 2.5$，此时平均产量开始递减。

（4）总产量最大，就是其一阶导数为零，即 $\mathrm{MP} = 0$，根据（A）式，$72 + 30X - 9X^2 = 0$，得 $X \approx 4.95$，代入 $Q = 72X + 15X^2 - 3X^3 \approx 360$。

2.（1）$\mathrm{TP}_L = Q = 10L - 0.5L^2 - 30$。

边际产量函数就是上式对 L 求导：$\mathrm{MP}_L = 10 - L$。

平均产量函数就是总产量除以投入的劳动：$\mathrm{AP}_L = \mathrm{TP}/L = 10 - 0.5L - 30/L$。

（2）当 TP_L 最大时，$\mathrm{MP}_L = 0$。令 $\mathrm{MP}_L = 10 - L = 0$，解得 $L = 10$。所以当劳动投入量 $L = 10$ 时，劳动的总产量 TP 达到极大值。当 AP_L 最大时，是 AP_L 与 MP_L 相交时。令 $\mathrm{AP} = \mathrm{MP}$，解得 $L = 2\sqrt{15}$。所以当劳动投入量 $L = 2\sqrt{15}$ 时，劳动的平均产量达到极大值。当 MP_L 最大时，TP_L 以递减的速度增加。由 $\mathrm{MP}_L = 10 - L$ 可知，边际产量曲线是一

条斜率为负的直线。考虑到劳动投入量总是非负的,所以劳动投入量 $L=0$ 时,劳动的边际产量达到极大值。

五、问答题

1. 生产要素是指生产中所使用的各种资源。西方经济学家把这些资源分为:劳动、资本、土地和企业家才能。

生产函数表示一个厂商生产要素投入量的某一种组合同它所能生产出来的最大量之间的依存关系。

2. 西方经济学家认为凡是生产要素的配合比例能够改变的生产函数,一般具有如下特点:如果其他生产要素固定不变,则仅增加某一种生产要素所增加的收益,迟早将会出现递减的现象,这就是边际收益递减规律。

3. 边际收益递减规律的基本内容是:在技术水平不变的情况下,当把一种可变的生产要素投入到一种或几种不变的生产要素中时,最初这种生产要素的增加会使产量增加,但当它的增加超过一定限度时,增加的产量将递减,最终还会使产量绝对减少。这一规律发生作用的前提是短期,具体包括两点:一是技术水平不变;二是其他生产要素不变,只有一种生产要素变动。

4. 总产量指一定量的某种生产要素所生产出来的全部产量。平均产量指平均每单位某种生产要素所生产出来的产量。边际产量指某种生产要素增加一单位所增加的产量。

总产量、平均产量与边际产量之间的关系有这样几个特点:第一,在资本量不变的情况下,随着劳动量的增加,最初总产量、平均产量与边际产量都是递增的,但各自在增加到一定程度之后就分别递减了。所以,总产量曲线、平均产量曲线与边际产量曲线都是先上升而后下降。这反映了边际收益递减规律。第二,边际产量曲线与平均产量曲线相交于平均产量曲线的最高点。在相交前,平均产量是递增的,边际产量大于平均产量(MP > AP);在相交后,平均产量是递减的,边际产量小于平均产量(MP < AP);在相交时,平均产量达到最大,边际产量等于平均产量(MP = AP)。第三,当边际产量为零时,总产量达到最大,之后,当边际产量为负数时,总产量就会绝对减少。

5. 规模经济是指所有生产要素同时变动,从而生产规模变动时所引起的产量变动情况。在技术水平不变的情况下,当各种生产要素按同样的比例增加,即生产规模扩大时,最初会使产量的增加大于生产规模的扩大,即出现规模经济(规模收益递增),但当生产规模的扩大超过一定限度(规模收益不变)时,则会使产量的增加小于生产规模的扩大,甚至使产量绝对减少,出现规模不经济(即规模收益递减)。

6. 内在经济是指一个厂商在生产规模扩大时从自身内部所引起的收益增加。引起内在经济的原因主要有:第一,可以使用更加先进的机器设备;第二,可以实行专业化生产;第三,可以提高管理效率;第四,可以对副产品进行综合利用;第五,在生产要素的购买与产品的销售方面更加有利。

7. 整个行业生产规模的扩大,给个别厂商所带来的产量与收益的增加被称为外在经济。引起外在经济的原因主要是:个别厂商可以从整个行业的扩大中得到更加方便的交通辅助设施、更多的信息与更好的人才,从而使产量与收益增加。

8. 在 $P_L \cdot Q_L + P_K \cdot Q_K = C$ 的限制条件下,生产要素最适组合的条件是 $MP_L/P_L = MP_K/P_K$。

9. 等产量线是表示两种生产要素的不同数量的组合可以带来相等产量的一条曲线,或者说表示某一固定数量的产品可以用所需要的两种生产要素的不同数量的组合生产出来的一条曲线。等产量线具有以下特征:第一,等产量线是一条向右下方倾斜的线,其斜率为负值。第二,在同一平面图上,可以有无数条等产量线。同一条等产量线代表相同的产量,不同的等产量线代表不同的产量。离原点越远的等产量线所代表的产量水平越高,离原点越近的等产量线所代表的产量水平越低。第三,在同一平面图上,任意两条等产量线不能相交。第四,等产量线是一条凸向原点的线。

10. 如果把等产量线与等成本线画在一个图上,那么,等成本线必定与无数条等产量线中的一条相切于一点。在这个切点上,就实现了生产要素的最适组合。(图略)

第五章 厂商理论

第一部分　学 习 指 导[①]

● 学习目的与要求

1. 掌握短期成本与长期成本的含义、变动规律及相互关系。
2. 理解机会成本，掌握利润最大化原则的含义。
3. 理解完全竞争市场的含义与构成条件。
4. 掌握完全竞争市场的短期均衡与长期均衡分析。
5. 掌握四种不同类型市场在构成条件、需求与收益曲线、均衡分析中的不同之处。

● 学习方法

本章主要研究成本问题和市场均衡问题，成本问题的学习关键点在于区分不同成本概念的差异并结合图形理解它们之间的关系，理解市场均衡问题的关键在于从分析工具、均衡条件和均衡结果三方面来掌握不同类型市场的异同。

● 重点与难点

1. 短期成本的分类、变动规律及相互关系
2. 长期成本的分类、变动规律及相互关系
3. 机会成本、利润最大化原则
4. 完全竞争市场的构成条件及均衡分析
5. 对四种不同市场类型的比较与评价

[①] 此章对应《西方经济学导论》第四章生产理论的第二节和第四节以及第五章厂商均衡理论。

- 知识框架

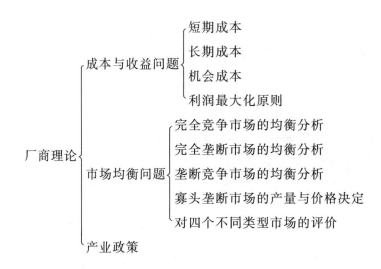

- 案例导入

上大学值吗?

最近看一报刊上报道,天津投资教育的支出全国第一,北京私家车消费支出全国第一,上海投资保险的支出全国第一,广州旅游支出全国第一。是否准确,我们暂且不论。我们用经济学的观点分析一下,为什么家长舍得把大把的钱花在子女教育上?

我们简单介绍一下经济学所说的成本。经济学所说的成本有两种:一种是实际发生的成本,即会计成本;另一种是机会成本。会计成本是厂商在生产过程中按市场价格直接支付的一切费用,这些费用一般均可以通过会计账目反映出来。利用这个原理,我们计算一个大学生大学四年的会计成本是上大学的学费、书费和生活费,按照现行价格标准,一个普通家庭培养一个大学生的这三项费用之和是 5 万元。机会成本是为了得到某种东西而放弃的东西的成本。大学生如果不上学,会找份工作,按照现行劳动力价格标准计算假如是 12 万元,也就是说一个大学生大学四年的机会成本是 12 万元。大学生上大学的经济学概念的成本是 17 万元。这还没算上在未进大学校门前,家长为了让孩子接受最好的教育从小学到中学的择校费用。

上大学成本如此之高,为什么家长还选择让孩子上大学?因为这种选择符合经济学理论——收益的最大化原则。我们算一下上大学与不上大学一生的成本与收益。不上大学18岁工作,工作到60岁,共42年,平均每年收入是3万元,共126万元。上大学22岁工作,工作到60岁,共38年,平均每年收入是6万元,共228万,减去上大学的经济学成本17万元,剩下211万元。与不上大学的收入比较,上大学多得到的收入是85万元。这还没考虑学历高所带来的名誉、地位等其他效应。家长舍得在子女教育上投入,就在情理之中了。这里说的"选择"是指能考上大学的情况下。另外我们说的只是一般情况。

有人说教育是消费行为,其实教育不是消费而是投资。消费与投资的区别是消费不会给你增值一分钱,比如你今年买一台电视,明年再卖,会大大贬值而不会增值;投资则有可能增值,一个大学生尽管投资17万元,但与不投资相比多得的收益是85万元。但投资是有风险的,如果一个家长不考虑孩子的实际情况,从小学到中学在教育上进行高投入,而孩子考不上大学或考上大学毕不了业,其投入与产出之比是可想而知的。

但对一些特殊的人,情况就不是这样了。比如,一个有足球天赋的青年,如果在高中毕业后去踢足球,每年可收入200万元。这样,他上大学的机会成本就是800万元,这远远高于一个大学生一生的收入。因此,有这种天赋的青年,即使学校提供全额奖学金也会选择不去上大学。这就是把机会成本作为上大学的代价,不上大学的决策是正确的。同样,有些具备模特气质与条件的姑娘,放弃上大学也是因为当模特收入高,上大学的机会成本太大。当你了解机会成本后就知道有些年轻人不上大学的原因了。可见机会成本这个概念在我们日常生活决策中是十分重要的。

资料来源:blog.sina.com

案例分析: 从经济学的角度看,理性经济人应当选择机会成本最小的选项。如果你有某种天赋,上大学会导致未来收入减少。如果你不像姚明一样有天赋,上大学是不错的选择。在大学期间必须努力学习,才能保证未来的收入远远超过上大学的机会成本。

农村春联市场:完全竞争的缩影

临近春节,笔者有机会对某村农贸市场的春联销售进行了调查。该农贸市场主要供应周围7个村5 000余农户的日用品需求。贴春联是中国民间的一大传统,春节临近,春联市场红红火火,而在农村,此种风味更浓。

在该春联市场中,需求者有5 000多农户,供给者为70多家零售商,市场中存在许多买者和卖者;供应商的进货渠道大致相同,且产品的差异性很小,产品具有高度同质性(春联所用纸张、制作工艺相同,区别仅在于春联上所书写内容的不同);供给者进入退出没有限制;农民购买春联时的习惯是逐个询价,最终决定购买,信息充分;供应商的零售价格水平相近,提价基本上销售量为零,降价会引起利润损失。有着丰富文化内涵的春联的销售市场就是一个高度近似完全竞争的市场。

供应商在销售产品的过程中,都不愿意单方面降价。春联是农村过年的必需品,购买春联的支出在购买年货的支出中只占很小的比例,因此其需求弹性较小。某些供应商为增加销售量、扩大利润而采取的低于同行价格的竞争方法,反而会使消费者认为其所经营的产品存在瑕疵(例如:产品为上年库存、质量存在问题等)而不愿买。

该农村集贸市场条件简陋,春联商品习惯席地摆放,大部分供应商都将春联放入透明的塑料袋中以防尘保持产品质量。而少部分供应商则更愿意损失少部分产品,将其暴露于阳光下、寒风中,以此展示产品。因此就产生了产品之间的鲜明对照。暴露在阳光下的春联更鲜艳,更能吸引消费者目光、刺激购买欲望,在同等价格下,该供应商的销量必定高于其他同行。由此可见,在价格竞争达到极限时,价格外的营销竞争对企业利润的贡献不可小视。

在商品种类上,例如"金鸡满架"一类的小条幅,批发价为0.3元/副,零售价为3元/副;小号春联批发价为3.6元/副,零售价为5元/副。因小条幅在春联中最为便宜且为春联中的必需品,统一价格保持五六年不变,因此消费者不对此讨价还价。小条幅春联共7类,消费者平均购买量为3—4类,总利润可达10.8元,并且人工成本较低。而小号春联相对价格较高,在春联支出中占比较大,讨价还价较易发生;由此,价格降低和浪费的时间成本会造成较大利润损失,对小号春联需求量较大的顾客也不过购买7—8副,总利润至多11.2元。因此,我们不难明白浙江的小小纽扣风靡全国、使一大批人致富的原因;也提醒我们,在落后地区发展劳动密集、技术水平低、生产成本低的小商品生产不失为一种快速而行之有效的致富方法。

春联市场是一个特殊的市场,时间性很强,仅在年前存在10天左右,供应商只有一次批发购进货物的机会。供应商对于该年购入货物的数量的判断主要基于上年销售量和对新进入者的预期分析。如果供应商总体预期正确,则该春联市场总体商品供应量与需求量大致相同,则价格相对稳定。一旦出现供应商总体预期偏差,价格机制就会发挥巨大的作用,将会出现暴利或者亏损。

综上可见,小小的农村春联市场是完全竞争市场的缩影与体现,横跨经济与管理两大学科。这也就不难明白经济学家为何总爱将问题简化研究,就像克鲁格曼在《萧条经济学的回归》一书中,总喜欢以简单的保姆公司为例得出解决经济问题的办法,这也许真的有效。

资料来源:杨晓东,"农村春联市场:完全竞争的缩影",《经济学消息报》,2004年6月25日。

案例分析:农村春联市场是一个完全竞争市场的缩影,它时效性强,商品具有普遍一致性,买卖双方均无法单独决定价格,市场竞争激烈。

● 引申阅读

德比尔公司为什么要做广告

德比尔(De Beers)是南非的钻石公司,它的广告词"钻石恒久远,一颗永流传"为许多人熟知,也使许多人怦然心动。德比尔控制了世界钻石生产的80%左右,成为世界钻石市场的垄断者。当它在英国伦敦舰队街的一座小楼上举行每年的钻石交易会时,不许买主有讨价还价的权利,谁要是不接受它的一口价,下次就不许参加交易会。这样霸道的垄断者为什么还要做广告呢?

我们知道,垄断者是某种产品唯一的供给者,垄断市场上没有竞争,当然也就不需要作为竞争手段的广告了。德比尔尽管没有控制世界100%的钻石生产,但80%的市场份额已使它可以像垄断者一样行事了。德比尔之所以做广告主要并不是由于它的垄断地位受到本行业之内来自俄罗斯和斯里兰卡(它们主要控制另外20%的钻石供给)的威胁,而在于它是一种无保障的垄断。

按照经济学的解释,如果一个企业是其产品唯一的卖者,而且如果其产品并没有相近的替代品,这个企业就是垄断者。形成垄断的基本原因是进入障碍,即其他企业无法进入该行业,使这个企业保持了唯一卖者的地位。进入障碍有两个来源:由资源控制和规模优势(只有一个生产者时平均成本才能最低)所引起的垄断称为自然垄断;由政府立法(如政府特许经营或专利权)所引起的垄断称为立法垄断(或合法垄断、人为垄断)。垄断者控制了该行业的市场,可以通过控制产量来确定价格,从而实现利润最大化。这就是说,垄断市场无竞争,所以,不用采取价格竞争或非价格竞争(如广告)手段。

但是,有两种情况会威胁到垄断者唯一卖者的地位:其一是相近替代品的存在或出现,其二是潜在进入者的威胁。在这两种情况下,原有垄断者的地位没有保障,称为无保障的垄断,也就是它们的垄断地位随时可能被打破。这些无保障垄断者在感到自己的地位受到威胁时,就要为未来可能的竞争或阻止潜在竞争者进入而未雨绸缪,采取一些预防式竞争手段。

德比尔公司正处于无保障垄断者的地位,它可能的竞争对手不是来自潜在进入者(因为现在还看不出哪个地方能发现南非这么多的钻石,已知的钻石资源难以对它形成威胁),而是来自相近的替代品。与钻石类似的装饰品有翡翠、红宝石、蓝宝石等,这些能否替代钻石取决于人们的评价。如果人们认为,钻石和其他宝石都有类似的装饰作用,可以满足自己炫耀性消费的欲望或足以代表自己的身份,其他宝石就是钻石的相近替代品,德比尔的垄断地位就被打破了。这时,德比尔对钻石收取高价或采用不许讨价还价的霸道做法,就会使人们转向其他宝石。

不过,如果人们认为钻石有其他宝石不能代替的独特之处,例如,只有钻石才能象征爱情的永恒,作为结婚或定情信物只能送钻戒,德比尔就可以保持钻石的高价,并在那座小楼里霸道下去。因此,德比尔做广告的目的就是把钻石与其他宝石分开,让消费者接受钻石无可替代的观念,以确保自己的垄断地位。从现在德比尔在舰队街那座小楼里的霸道行为来看,这个广告是成功的。

德比尔的事例告诉我们两个重要道理。一是打破垄断的一个重要方法是扶植替代产品竞争者或潜在竞争者。当垄断者的地位受到威胁时,它会以提高自己的效率来未雨绸缪。二是垄断者自己要善于发现替代产品的出现和潜在竞争者,千万别在已有的垄断地位上做平安梦。

市场瞬息万变,不可能有永恒的垄断者。企业的成功要依靠自己的竞争力,居安思危适用于包括垄断者在内的任何一个企业。

资料来源:梁小民,《微观经济学纵横谈》,三联书店出版社,2000年8月。

第二部分 练习与思考

一、填空题

1. 短期边际成本曲线与短期平均成本曲线相交于_____曲线的最低点,说明在这时,边际成本_____平均成本。

2. 短期总成本等于_____加_____。

3. 利润最大化的基本原则是_____。

4. 经济学家根据_____与_____的程度,把现实中的市场分为_____、_____、_____和_____四种类型。

5. 在完全竞争市场上，平均收益_____边际收益；而在其他市场上，一般是平均收益_____边际收益。

6. 对个别厂商来说，只有在_____市场上，平均收益、边际收益与价格才相等。

7. 在完全竞争市场上，厂商短期均衡的条件是_____，长期均衡的条件是_____。

8. 在完全竞争市场上，有可能存在超额利润的情况是_____。

9. 完全垄断市场上的厂商数量是_____。

10. 完全垄断市场上短期均衡的条件是_____，长期均衡的条件是_____。

11. 引起垄断竞争的基本条件是_____，另一个条件是_____。

12. 在垄断竞争市场上，短期均衡的条件是_____，长期均衡的条件是_____和_____。

13. 寡头垄断市场上价格决定的方式是_____、_____和_____。

二、选择题

1. 随着产量的增加，短期固定成本：(　　)
   A. 增加　　　　　　　B. 不变　　　　　　　C. 减少

2. 随着产量的增加，短期平均固定成本：(　　)
   A. 在开始时减少，然后趋于增加
   B. 一直趋于减少
   C. 一直趋于增加

3. 随着产量的增加，短期平均可变成本：(　　)
   A. 先减少后增加
   B. 先增加后减少
   C. 按一定的固定比率增加

4. 长期平均成本曲线和长期边际成本曲线一定相交于：(　　)
   A. 长期平均成本曲线的最高点
   B. 长期边际成本曲线的最低点
   C. 长期平均成本曲线的最低点

5. 假如厂商生产的产量从 1 000 单位增加到 1 001 单位，总成本从 2 000 美元上升到 2 020 美元，那么它的边际成本等于：(　　)
   A. 10 美元　　　　　　B. 20 美元　　　　　　C. 2 美元

6. 典型的完全竞争市场是:(   )

A. 农产品市场　　　　B. 轻工业品市场　　　C. 重工业品市场

7. 产品差别是指:(   )

A. 东芝牌彩电与松下牌彩电的差别

B. 彩电与收音机的差别

C. 河南小麦与河北小麦的差别

8. 在完全竞争市场上,如果某行业的厂商的价格等于平均成本,那么:(   )

A. 原有厂商退出该行业

B. 新的厂商进入该行业

C. 既无厂商进入该行业也无厂商退出该行业

9. 在完全竞争市场上,一个企业的需求曲线是:(   )

A. 向右下方倾斜的线　　B. 与横轴平行的线　　C. 与横轴垂直的线

10. 完全竞争市场上平均收益与边际收益之间的关系是:(   )

A. 平均收益大于边际收益

B. 平均收益等于边际收益

C. 平均收益小于边际收益

11. 在完全竞争市场上,超额利润存在的条件是:(   )

A. 短期中该行业的供给小于需求时

B. 短期中该行业的供给等于需求时

C. 短期中该行业的供给大于需求时

12. 在完全竞争市场上,市场价格与厂商的边际收益的关系是:(   )

A. 价格大于边际收益　　B. 价格等于边际收益　　C. 价格小于边际收益

13. 假如某厂商的收益只能弥补他付出的平均可变成本,这表明该厂商:(   )

A. 如果继续生产亏损一定更多

B. 如果停止生产则无亏损

C. 无论生产与否都要遭受同样的亏损

14. 假如某厂商的收益不足以弥补可变成本,为了把损失减少到最低程度,他应该:(   )

A. 减少产量　　　　　B. 增加产量　　　　　C. 停止生产

15. 在完全竞争市场上,厂商长期均衡的条件是:(   )

A. MR = MC　　　　B. AR = AC　　　　C. MR = LMC = AR = LAC

16. 在完全垄断市场上,厂商数量是:(   )

A. 一家　　　　　　　B. 二家　　　　　　　C. 三家

17. 完全垄断市场上,厂商面临的需求曲线是:(   )

A. 向右下方倾斜的线　　　B. 与横轴平行的线　　　C. 与横轴垂直的线

18. 平均收益等于边际收益的市场是:(   )

A. 完全竞争市场　　　B. 完全垄断市场　　　C. 垄断竞争市场

19. 在完全垄断市场上,平均收益与边际收益的关系是:(   )

A. 平均收益大于边际收益

B. 平均收益等于边际收益

C. 平均收益小于边际收益

20. 在完全垄断市场上,厂商:(   )

A. 可以任意定价

B. 价格一旦确定就不能变动

C. 根据市场来定价

21. 在完全垄断市场上,厂商长期均衡的条件是:(   )

A. MR = AR　　　B. MR = AC　　　C. MR = MC

22. 形成垄断竞争的最基本条件是:(   )

A. 产品有差别

B. 企业利用国家赋予的特权

C. 厂商的数量相当多

23. 垄断竞争市场上的短期均衡:(   )

A. 与完全竞争市场上的相同

B. 与完全垄断市场上的相同

C. 与完全竞争和完全垄断都不相同

24. 最需要进行广告宣传的市场是:(   )

A. 完全竞争市场　　　B. 完全垄断市场　　　C. 垄断竞争市场

25. 寡头垄断市场上的厂商数量:(   )

A. 一家　　　B. 几家　　　C. 相当多

26. 寡头垄断市场形成的最基本条件是:(   )

A. 对资源或技术的控制

B. 产品差别的存在

C. 某些行业规模经济的要求

27. 厂商之间关系最密切的市场是:(   )

A. 完全竞争市场　　　B. 寡头垄断市场　　　C. 垄断竞争市场

28. 采用价格领先制定价的市场是:(   )

A. 完全垄断市场　　　　B. 垄断竞争市场　　　　C. 寡头垄断市场

29. 寡头垄断市场上,在各厂商之间存在勾结的情况下价格决定的方法是:(　　)

A. 价格领先制　　　　B. 成本加成法　　　　C. 卡特尔

30. 如果卡特尔解体,结果将是:(　　)

A. 价格上升,产量下降　　B. 价格下降,产量上升　　C. 价格上升,产量上升

三、判断题

1. 产品有差别就不会有完全竞争。

2. 在完全竞争市场上,任何一个厂商都可以成为价格的决定者。

3. 在完全竞争市场上,整个行业的需求曲线是一条与横轴平行的线。

4. 在完全竞争的条件下,个别厂商销售量的变动会影响市场价格的变动。

5. 只有在完全竞争市场上,平均收益才等于边际收益,其他市场上都不存在这种情况。

6. 在完全竞争市场上,当厂商实现了长期均衡时,可获得超额利润。

7. 在完全垄断市场上,一家厂商就是一个行业。

8. 在市场经济中,完全垄断是普遍存在的。

9. 在完全垄断市场上,边际收益一定大于平均收益。

10. 完全垄断市场上短期均衡的条件是:MR = MC。

11. 有差别的产品之间并不存在竞争。

12. 有差别存在就会有垄断。

13. 引起垄断竞争的基本条件是产品无差别。

14. 垄断竞争市场上长期均衡的条件是:MR = MC = AR = AC。

15. 垄断竞争市场上的产量高于完全垄断市场,价格却低于完全垄断市场。

16. 垄断竞争从总体上看是利大于弊的。

17. 寡头垄断市场的形成与产品是否有差别并没有什么关系。

18. 由于寡头之间可以进行勾结,所以,它们之间并不存在竞争。

19. 寡头垄断市场上的产量是由各寡头之间协商确定的。

四、计算题

1. 某公司生产汽车,每辆汽车的平均成本为 5 万元,汽车行业的平均利润率为 8%,如果根据成本加成法定价,每辆汽车的价格为多少?如果平均成本增加至每辆 6 万元,其价格为多少?

2. 完全竞争行业中的某企业的短期成本函数为 $STC = Q^3 - 6Q^2 + 30Q$,产品价格为 66 元,正常利润已包括在成本函数之中。求企业的最大利润和相应的产量,以及此时的平均成本为多少?

五、问答题

1. 短期成本的种类有哪些?它们各自的变动规律是什么?
2. 利润最大化的原则是什么?为什么?
3. 什么是完全竞争?实现完全竞争的条件是什么?
4. 简述完全竞争市场上厂商的长期均衡。
5. 什么是完全垄断?其形成的条件有哪些?
6. 简述完全竞争市场的优缺点。
7. 比较垄断竞争市场与完全竞争、完全垄断市场的异同。

习题参考答案

一、填空题

1. 短期平均成本;等于
2. 固定成本;可变成本
3. 边际成本等于边际收益
4. 竞争;垄断;完全竞争;完全垄断;垄断竞争;寡头垄断
5. 等于;高于

6. 完全竞争

7. MR = SMC;MR = LMC = AR = LAC

8. 短期中供给小于需求

9. 一家

10. MR = MC;MR = MC

11. 产品之间存在差别;厂商的数量仍然比较多

12. MR = MC;MR = MC;AR = AC

13. 卡特尔(或暗中形成默契);价格领先制(即最大的寡头定价其他寡头跟进);成本加成法

二、选择题

1—5 BBACB;6—10 AACBB;11—15 ABCCC;16—20 AAAAC;21—25 CABCB;26—30 CBCCB

三、判断题

1—5 √×××√;6—10 ×√××√;11—15 ×√××√;16—19 √√××

四、计算题

1. 5.4 万元,6.48 万元

2. 利润最大,在完全竞争市场为 MR = MC = P。MC = $3Q^2 - 12Q + 30$,MR = P = 66,解得 $Q = 6$。最大利润 = TR − STC = PQ − STC(6) = 216。AC = STC/Q = $Q^2 - 6Q + 30$,当 $Q = 6$ 时 AC = 30。

五、问答题

1. (1) 短期总成本、固定成本与可变成本。

固定成本在短期中是固定不变的,不随产量的变动而变动,即使产量为零时,也仍然存在固定成本。

可变成本要随产量的变动而变动。它变动的规律是：最初在产量开始增加时由于固定生产要素与可变生产要素的效率未得到充分发挥，因此，可变成本的增加率大于产量的增长率；之后随着产量的增加，固定生产要素与可变生产要素的效率得到充分发挥，可变成本的增加率小于产量的增加率；最后由于边际收益递减规律，可变成本的增加率又大于产量的增加率。

总成本是固定成本与可变成本之和。固定成本不会等于零，因此，总成本必然大于零。因为总成本中包括可变成本，所以，总成本的变动规律与可变成本的变动规律相同。

（2）短期平均成本、平均固定成本与平均可变成本。

平均固定成本随着产量的增加而减少，它变动的规律是起初减少的幅度很大，之后减少的幅度越来越小。

平均可变成本变动的规律是：起初随着产量的增加，生产要素的效率逐渐得到发挥，因此平均可变成本减少；但当产量增加到一定程度后，由于边际收益递减规律，平均可变成本增加。

短期平均成本的变动规律是由平均固定成本与平均可变成本决定的。当产量增加时，平均固定成本迅速下降，加之平均可变成本也在下降，因此短期平均成本迅速下降；之后，随着平均固定成本越来越小，它在平均成本中也越来越不重要，这时平均成本随平均可变成本的变动而变动，即随产量的增加而下降；但当产量增加到一定程度之后，又随产量的增加而增加。

（3）短期边际成本与短期平均成本。

短期边际成本，即增加一单位产品所增加的成本，它的变动取决于平均可变成本，因为所增加的成本是可变成本。在开始时，边际成本随产量的增加而减少，而且其水平低于平均成本，因为边际成本的增加中没有固定成本。在边际成本低于平均成本时，平均成本是下降的，因为所增加的可变成本减少，平均成本自然也减少。当边际成本的增加大于平均成本时，平均成本就要增加。

边际成本与平均成本的关系是：当平均成本下降时，边际成本低于平均成本；当平均成本上升时，边际成本高于平均成本；只有在平均成本达到最低点时，边际成本与平均成本相等。

2. 利润最大化的原则是边际收益等于边际成本。如果边际收益大于边际成本，表明厂商每多生产一单位产品所增加的收益大于生产这一单位产品所增加的成本。这对该厂商来说，还有潜在的利润没有得到，厂商增加生产是有利的，也就是说，还没有达到利润最大化。如果边际收益小于边际成本，表明厂商每多生产一单位产品所增加的收益小于生产这一单位产品所增加的成本。这对该厂商来说就会造成亏损,更谈不上利润最大化了,因此,厂商必然要减少产量。无论边际收益大于还是小于边际成本,厂商都要调整其产量,说明在这两种情况下都没有实现利润最大化。只有在边际收益等于边际成本时,厂商才不会调整产量,表明它已把该赚的利润都赚到了,即实现了利润最大化。

3. 完全竞争是指一种竞争不受任何阻碍和干扰的市场结构。它的条件是:第一,市场上有很多生产者和消费者;第二,不存在产品差别;第三,各种生产资源可以自由流动而不受任何限制;第四,市场信息是畅通的。

4. 在长期中,各个厂商都可以根据市场价格来调整全部生产要素及其生产情况,也可以自由进入或退出该行业。这样,整个行业供给的变动就会影响市场价格,从而影响各个厂商的均衡。具体来说,当供给小于需求、价格高时,各厂商会扩大生产,其他厂商也会涌入该行业,从而整个行业供给增加,价格水平下降。当供给大于需求、价格低时,各厂商会减少生产,有些厂商会退出该行业,从而整个行业供给减少,价格水平上升。最终价格水平会达到使各个厂商既无超额利润又无亏损的状态。这时,整个行业的供求均衡,各个厂商的产量也不再调整,于是就实现了长期均衡。

5. 完全垄断是指整个行业的市场完全处于一家厂商控制的状态。它的形成需要自然条件和立法条件。从自然条件来看,当一种资源极为稀缺又被一个企业控制时,它就可以完全垄断这个市场。另一个自然条件是长期中平均成本一直随产品的增加而递减。从立法条件来看,如果一个行业实行特许经营法、许可制度或者专利法,这个行业也可以实现垄断。

6. 完全竞争的条件下,价格可以充分发挥其"看不见的手"的作用,调节整个经济的运行。通过这种调节实现了以下目的:第一,社会的供给与需求相等,从而资源得到了最优配置,生产者的生产不会有不足或过剩,消费者的需求也得到了满足。第二,在长期均衡时所达到的平均成本处于最低点,这说明通过完全竞争与资源的自由流动,使生产要素的效率得到了最有效的发挥。第三,平均成本最低决定了产品的价格也是最低的,这对消费者是有利的。从以上来看,完全竞争市场是最理想的。但是,完全竞争市场也有其缺点,这就在于:第一,各厂商的平均成本最低并不一定是社会成本最低。第二,产品无差别,这样消费者的多种需求无法得到满足。第三,完全竞争市场上生产者的规模都很小,这样他们就没有能力去实现重大的科学技术突破,从而不利于技术发展。第四,在现实中完全竞争的情况是很少的,而且,一般来说,竞争也必然引起垄断。

7. 首先,从平均成本来看,垄断竞争市场上的平均成本比完全竞争时高,这说明垄断竞争时由于有垄断的存在,生产要素的效率不如完全竞争时高。但这时的平均成本一般又低于完全垄断时,说明由于有竞争的存在,生产要素的效率又比完全垄断时高。其次,从价格来看,即使在长期中,垄断竞争时的价格也高于完全竞争时,因为这时的平均成本是高的。对消费者来说,付出高于完全竞争时的价格,得到的是丰富多彩各具特色的产品,可以满足不同的要求。但垄断竞争下的价格又要低于完全垄断时,因为这时价格不是由垄断者决定的垄断价格,而是由市场竞争形成的价格。最后,从产量来看,垄断竞争时的产量一般要低于完全竞争时而高于完全垄断时,这说明垄断竞争下资源的利用程度不如完全竞争时而优于完全垄断时。

第六章 分配理论

第一部分 学 习 指 导[①]

● 学习目的与要求

    1. 掌握劳动的需求、供给与工资的关系。
    2. 理解完全竞争和不完全竞争条件下工资的决定。
    3. 理解利息的性质及利率的决定。
    4. 理解地租的含义及地租的决定。
    5. 理解正常利润与超额利润的含义。
    6. 掌握洛伦斯曲线和基尼系数的含义,了解收入分配平等化政策。

● 学习方法

    本章主要研究生产要素价格决定及收入分配问题,要素价格决定问题的关键是理解各种生产要素的需求曲线和供给曲线,注意比较它们之间的异同。

● 重点与难点

    1. 劳动的供给与工资决定
    2. 利息的性质与利率决定
    3. 地租的含义与地租决定
    4. 洛伦斯曲线和基尼系数的含义

[①] 此章对应《西方经济学导论》第六章分配理论。

• 知识框架

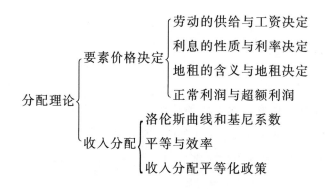

• 案例导入

漂亮的收益

美国经济学家丹尼尔·哈莫米斯与杰文·比德尔曾在《美国经济评论》上发表了一份调查报告。根据这份调查报告,漂亮的人比长相一般的人收入高5%左右,长相一般的人又比丑陋一点的人收入高5%—10%。为什么漂亮的人收入高?

经济学家认为,人的收入差别取决于人的个体差异,即能力、勤奋程度和机遇的不同。漂亮程度正是这种差别的表现。个人能力包括先天的禀赋和后天培养的能力,长相与人在体育、文艺、科学方面的天赋一样是一种先天的禀赋。漂亮属于天生能力的一个方面,它可以使漂亮的人从事其他人难以从事的职业(如当演员或模特)。漂亮的人少,供给有限,自然市场价格高,收入高。

漂亮不仅仅是脸蛋和身材,还包括一个人的气质。在调查中,漂亮由调查者打分,实际是包括外形与内在气质的一种综合。这种气质是人内在修养与文化的表现。因此,在漂亮程度上得分高的人实际往往是文化和受教育水平高的人。两个长相接近的人,也会由于受教育水平不同表现出来不同的漂亮程度。所以,漂亮是反映人受教育水平的标志之一,而受教育是个人能力的来源,受教育多,文化水平高,收入水平高就是正常的。

漂亮也可以反映人的勤奋和努力程度。一个工作勤奋、勇于上进的人,自然会打扮得体,举止文雅,有一种朝气。这些都会提高一个人的漂亮得分。漂亮在某种程度上反映了人的勤奋,与收入相关也就不奇怪了。

最后,漂亮的人机遇更多。有些工作只有漂亮的人才能从事,漂亮往往是许多高收入工作的条件之一。就是在所有的人都能从事的工作中,漂亮的人也更有利。漂亮的人从事推销更易于被客户接受,当老师会更受到学生喜爱,当医生会使病人觉得可亲,所以,在劳动市场上,漂亮的人机遇更多,雇主总爱优先雇用漂亮的人。有些人把漂亮的人机遇更多、更易于受雇称为一种歧视,这也不无道理。但有哪一条法律能禁止这种歧视呢?这是一种无法克服的社会习俗。两个各方面条件大致相同的人,会由于漂亮程度不同而得到不同的收入。这种由漂亮引起的收入差别,即漂亮的人比长相一般的人多得到的收入称为"漂亮贴水"。

收入分配不平等是合理的,但有一定限度,如果收入分配差距过大,甚至出现贫富两极分化,既有损于社会公正,又会成为社会动乱的隐患。因此,各国政府都在一定程度上采用收入再分配政策以纠正收入分配中较为严重的不平等问题。

资料来源:梁小民,《微观经济学纵横谈》,三联书店出版社,2000年8月。

案例分析:劳动力的价格取决于其价值。根据生产要素分配理论,其价值取决于劳动的边际生产力。在实际生活中,劳动者的工资受多种因素影响,相貌因素也对工资产生了一定影响,这是不公平的,也是短期影响。长期来看,依然是劳动力价值决定劳动力价格,只有提高自身人力资本禀赋,才能带来更高的工资收入。

中国 2003—2012 年的基尼系数

国务院新闻办公室近日举行新闻发布会,时任国家统计局局长马建堂介绍了2012年国民经济运行情况。马建堂表示,中国全国居民收入2012年的基尼系数为0.474,在2008年达到0.491后逐步回落。这说明了我国加快收入分配改革、缩小收入差距的紧迫性。

马建堂表示,全国居民收入基尼系数的计算和发布,需要城乡住户调查从城乡分开的、城乡收入概念不一致的调查制度,走向全国统一的城乡可比的住户调查制度。也就是说,基尼系数是反映全国居民的收入差异情况,要计算它,就需要知道全国居民的收入是多少,分等份的收入是多少。过去城乡分开的住户调查,只有分城乡的农村居民人均纯收入和城镇居民人均可支配收入,没有全国居民的可支配收入,没有可比的同样指标的城乡居民的收入。

经过近两年的准备,统计局对原有的城乡分开的住户调查制度进行了重大改革。从2012年12月1日开始,有40万户居民已经按照全国统一的城乡可比的统计标准、指标体系进行记账。根据这个新的全国统一、城乡可比的统计标准分类口径,统计局对历史的分城乡的老口径的住户基础资料,特别是收入资料,进行了整理、计算,然后得出了 2003—2011 年全国居民收入的基尼系数。

马建堂介绍称,中国全国居民收入的基尼系数,2003 年是 0.479,2004 年是 0.473,2005 年是 0.485,2006 年是 0.487,2007 年是 0.484,2008 年是 0.491。然后逐步回落,2009 年是 0.490,2010 年是 0.481,2011 年是 0.477,2012 年是 0.474。马建堂分析称,第一,这些数据、这个曲线说明了我们国家加快收入分配改革、缩小收入差距的紧迫性。因为 0.47—0.49 的基尼系数不算低。第二,说明了从 2008 年金融危机以后,随着我国各级政府采取了惠民生的若干强有力的措施,中国的基尼系数从 2008 年最高的 0.491 逐步地有所回落。

下一步,我们还是要立足中国的基本国情。中国的基本国情就是社会主义初级阶段、发展中国家,立足于这个基本国情,正确处理市场与效率、发展与分配的关系,一手抓科学发展,把蛋糕做得更大,另一手狠抓收入分配,把蛋糕分得更好,从而使我们在全面建成小康社会的时候,不只是居民人均收入和 GDP 翻了一番,而且分配要分得更好,中低收入居民的收入力争要增加得更多一些。

资料来源:张力,中国新闻网,2013 年 1 月 18 日。

案例分析:基尼系数是反映社会收入分配是否公平的一个重要指标。通过阅读本文,能够对我国现有收入分配状况有所了解,认识到收入分配改革的重要性。

● 引申阅读

帕累托最优标准——满意即最优

帕累托是意大利经济学家,新福利经济学的代表人物。以他的名字命名的"帕累托最优"是现代经济学中的一个重要概念,也是经济学的一个美好的理想境界。

这一命题是判断福利优劣的新标准,其含义是:在其他条件不变的条件下,如果某一经济变动改善了一些人的状况,同时又不使另一些人蒙受损失,这个变动就增进了社会福利,称为帕累托改进;在其他条件不变的条件下,如果不减少一些人的经济福利,就不能改善另一些人的经济福利,就标志着社会经济福利达到了最大化的状态,实现了帕累托最优状态。

这个概念比较令人费解,让我举一个例子来说明。假如原来甲有一个苹果,乙有一个梨,他们是否就是帕累托最优呢?这取决于甲乙二人对苹果和梨的喜欢程度。如果甲喜欢苹果大于梨,乙喜欢梨大于苹果,这样就已经达到了最满意的结果,也就已经是"帕累托最优"了。如果是甲喜欢梨大于苹果,乙喜欢苹果大于梨,则甲乙之间可以进行交换,交换后甲乙的效用都有所增加,这就是帕累托改进。我国经济学家盛洪在他所著的《满意即最佳》里说过:"一个简单的标准就是,看这项交易是否双方同意,双方是否对交易结果感到满意。"若真是谁也不愿意改变的状态,就已经是"帕累托最优"了。

我们通俗地讲"帕累托改进"是在不损害他人福利的前提下进一步改善自己的福利,俗话说就是"利己不能损人"。同样,只有在不损害生产者和经营者权利的前提下维护消费者的权益,才能在市场经济的各个主体之间达到"帕累托最优"的均衡状态。

市场经济有两个最本质的特征,其一是提高资源配置效率,其二是实现充分竞争。所谓的帕累托最优,通俗地解释就是在资源配置过程中,经济活动的各个方面,不但没有任何一方受到损害,而且社会福利要尽可能实现最大化,社会发展要达到最佳状态。西方经济学中的帕累托最优,实际上就是要求不断提高资源的配置效率。

资料来源:梁小民,《微观经济学纵横谈》,三联书店出版社,2000年8月。

第二部分 练习与思考

一、填空题

1. 生产要素的需求是一种_____的需求,也是一种_____的需求。
2. 劳动的需求曲线是一条_____的曲线,这表明劳动的需求量与工资成_____变动。
3. 资本的需求,即投资,与利率成_____变动;资本的供给,即储蓄,与利率成_____变动。
4. 土地的需求曲线是一条_____的曲线;土地的供给曲线是一条_____的线,它表示_____。
5. 在经济学上,一般把利润分为_____和_____。
6. 超额利润的来源有_____、_____、_____。
7. 衡量社会收入分配平均程度的曲线称为_____曲线,根据这种曲线计算出的反映社会收入分配平等程度的指标是_____。
8. 当收入绝对平均时,基尼系数为_____;当收入绝对不平均时,基尼系数为

_____。基尼系数越小,收入分配_____;基尼系数越大,收入分配_____。

二、选择题

1. 在完全竞争市场上,生产要素的边际收益取决于:(   )

   A. 该要素的边际生产力   B. 该要素的平均收益   C. 该要素的价格水平

2. 在完全竞争市场上,厂商对劳动的需求主要取决于:(   )

   A. 劳动的价格

   B. 劳动的边际生产力

   C. 劳动在生产中的重要性

3. 随着工资水平的提高:(   )

   A. 劳动的供给量会一直增加

   B. 劳动的供给量先增加,但工资提高到一定水平后,劳动的供给不仅不会增加反而会减少

   C. 劳动的供给量增加到一定程度后就不会增加也不会减少

4. 经济学家认为,工会的存在是:(   )

   A. 对劳动供给的垄断

   B. 对劳动需求的垄断

   C. 对劳动供求双方的垄断

5. 用先进的机器设备代替劳动,这一措施会导致:(   )

   A. 劳动的供给曲线向右移动

   B. 劳动的需求曲线向左移动

   C. 劳动的需求曲线向右移动

6. 在以下三种方式中,工会为了提高工资,所采用的方式是:(   )

   A. 要求政府增加进口产品

   B. 要求政府鼓励移民入境

   C. 要求政府限制女工和童工的使用

7. 工会在工资决定中的作用:(   )

   A. 是至关重要的,可以决定工资水平

   B. 是无关紧要的,起不了什么作用

   C. 有一定的作用,取决于劳资力量的对比等客观因素

8. 根据迂回生产理论,在以下三种农业生产方式中效率最高的方式是:( )

　A. 直接用简单的农用工具耕作

　B. 先制造犁和其他工具,并饲养牛、马等畜力,然后用这些工具和畜力进行耕作

　C. 先采矿、制造机械,而后制造出拖拉机和化肥等生产资料,再用这些生产资料进行耕作

9. 使地租不断上升的原因是:( )

　A. 土地的供给与需求共同增加

　B. 土地的供给不断减少,而需求不变

　C. 土地的需求日益增加,而供给不变

10. 土地的供给曲线是一条:( )

　A. 向右上方倾斜的线　　B. 与横轴平行的线　　C. 与横轴垂直的线

11. 在完全竞争条件下,利润最大化实际上就是:( )

　A. 获得了无限大的利润

　B. 获得了正常利润

　C. 获得了超额利润

12. 经济学家认为,超额利润中可以作为剥削收入的是:( )

　A. 由于创新所获得的超额利润

　B. 由于承担风险所获得的超额利润

　C. 由于垄断所获得的超额利润

13. 在以下三种情况下,创新是指:( )

　A. 把牡丹牌彩电打入美国市场

　B. 建立了一个生产牡丹牌彩电的新工厂

　C. 在广告中宣传牡丹牌彩电

14. 在完全垄断市场上,垄断厂商能获得超额利润主要是由于:( )

　A. 实行了买方垄断　　B. 实行了卖方垄断　　C. 对产品进行了创新

15. 根据基尼系数的大小,比较下列三个国家中哪一个国家的分配最为平均:( )

　A. 甲国的基尼系数为 0.1

　B. 乙国的基尼系数为 0.15

　C. 丙国的基尼系数为 0.217

16. 收入分配绝对平均时,基尼系数:( )

　A. 等于 0　　　　　　B. 等于 1　　　　　　C. 大于 0 而小于 1

三、判断题

1. 分配理论实际上是均衡价格理论在分配问题上的应用。
2. 生产要素的需求是一种派生的需求和联合的需求。
3. 厂商对生产要素的需求取决于生产要素的边际生产力。
4. 生产要素的价格是由其供给与需求决定的。
5. 在完全竞争市场上,工资完全是由劳动的供求关系决定的。
6. 劳动的需求主要取决于劳动的边际生产力。
7. 劳动的供给和其他商品的供给一样,价格越高,供给越多,因此,提高工资可以无限增加劳动的供给。
8. 现代经济的特征之一是迂回生产的过程加长,从而生产效率提高。
9. 利率与储蓄成同方向变动,与投资成反方向变动。
10. 土地的供给量随地租的增加而增加,因而土地的供给曲线是一条向右上方倾斜的曲线。
11. 正常利润是对承担风险的报酬。
12. 超额利润是对企业家才能这种特殊生产要素的报酬。
13. 企业家的创新是超额利润的源泉之一。
14. 在西方经济学家看来,超额利润无论如何获得,都是一种不合理的剥削收入。
15. 两家企业生产同一种产品,其中一家企业把产品打入了新的国外市场,这就是创新的一种形式。
16. 由公司发展为跨国公司,这并不是创新。
17. 实际的基尼系数总是大于 0 而小于 1。
18. 甲、乙两国的基尼系数分别为 0.1 和 0.2,那么甲国的收入分配要比乙国平均。
19. 某项政策实施前,基尼系数为 0.68,该政策实施后,基尼系数为 0.72,所以说该政策的实施有助于实现收入分配平均化。

四、问答题

1. 劳动的供给有何特殊规律?
2. 工会是如何影响工资的决定的?

3. 地租是如何决定的？它的发展趋势是什么？

4. 什么是创新？它为什么能带来超额利润？

5. 什么是洛伦斯曲线和基尼系数？基尼系数的计算公式是什么？

习题参考答案

一、填空题

1. 派生（即取决于所参与生产的产品的需求）；联合（即各要素间存在相互依存的关系）

2. 向右下方倾斜；反向

3. 反向；正向

4. 向右下方倾斜；与横轴垂直；土地的供给是固定的

5. 正常利润；超额利润

6. 创新；风险；垄断

7. 洛伦斯；基尼系数

8. 0；1；越平均；越不平均

二、选择题

1—5 ABBAB；6—10 CCCCC；11—16 BCABAA

三、判断题

1—5 √√√√√；6—10 √×√√×；11—15 ××√×√；16—19 ×√√×

四、问答题

1. 劳动的供给主要取决于劳动的成本。这种劳动的成本包括两类：一类是实际成本，即维持劳动者及其家庭生活必需的生活资料的费用，以及培养、教育劳动者的费用。另一类是心理成本。劳动是以牺牲闲暇的享受为代价的，劳动会给劳动者心理上带来负效用，补偿劳动者这种心理上负效用的费用就是劳动的心理成本。因此，劳动的供给有自己的特殊规律。一般来说，当工资增加时劳动会增加，但工资增加到一定程度后如果再继续增加，劳动不但不会增加，反而还会减少。这是因为，工资收入增加到一定程度后，货币的边际效用递减，不足以抵消劳动的负效用，从而劳动供给就会减少，这时的供给曲线称为"向后弯曲的供给曲线"。

2. 在劳动力市场非完全竞争的情况下，工会可以影响工资的决定。第一，工会通过限制非会员受雇、限制移民、限制童工的使用，缩短工时，实行强制退休的方法来减少劳动的供给，从而提高工资。第二，工会通过提倡保护关税、扩大出口等方法扩大产品销路，从而提高对劳动的需求，也可以提高工资。第三，工会迫使政府通过立法规定最低工资，这样也可以使工资维持在较高的水平上。

3. 地租是由土地的需求和供给共同决定的。土地的需求由土地的边际生产力决定，而土地的供给是固定的。随着经济的发展，土地的需求会增加，地租会上升。

4. 创新是指企业家对生产要素实行新的组合。它包括五种情况：第一，引入一种新产品；第二，采用一种新的生产方法；第三，开辟一个新市场；第四，获得一种原料的新来源；第五，采用一种新的企业组织形式。这五种形式的创新都可以产生超额利润。引进一种新产品可以使这种产品的价格高于其成本，从而产生超额利润；采用一种新的方法和新的企业组织形式，可以提高生产效率、降低成本；获得一种原料的新来源可以降低成本；开辟一个新市场可以通过提高价格而获得超额利润。

5. 洛伦斯曲线是用来反映社会收入分配平均程度的线。根据洛伦斯曲线计算出的反映收入分配平均程度的指标，称为基尼系数。基尼系数 $= A/(A+B)$，其中，A 为实际收入分配线与绝对平均线之间的面积，B 为实际收入分配线与绝对不平均线之间的面积。

第七章 国民收入决定理论

第一部分　学习指导[①]

● 学习目的与要求

1. 掌握国内生产总值的含义和计算方法。
2. 理解国民收入等五个总量之间的关系。
3. 掌握物价指数和失业率的含义与计算。
4. 理解总需求的构成及消费、储蓄与国民收入的关系。
5. 掌握总需求曲线、总供给曲线的含义与特征。
6. 理解总需求—总供给模型。

● 学习方法

对国民收入核算部分，在准确把握 GDP 基本概念的基础上，理解其不同的计算方法。对国民收入决定部分，关键是掌握总需求曲线和总供给曲线的含义以及理解总需求与物价成反向变动的原因，在此基础上学会运用总需求—总供给模型分析简单的宏观经济问题。

● 重点与难点

1. 国内生产总值及其计算方法
2. 总需求的构成
3. 总需求与物价成反向变动的原因
4. 总需求和总供给变动对均衡的影响

[①] 此章对应《西方经济学导论》第七章国民收入核算理论和第八章国民收入的决定。

• 知识框架

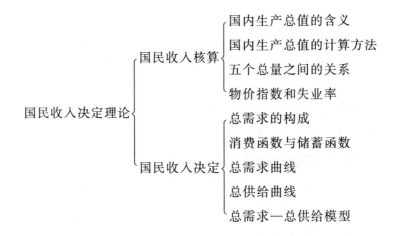

• 案例导入

GDP 不是万能的，但没有 GDP 是万万不能的

从 GDP 的含义和它的计算方法不难看出，GDP 只是用来衡量那些易于度量的经济活动的营业额，不能全面反映经济增长的质量。美国罗伯特·肯尼迪（美国前总统约翰·肯尼迪之弟）说："GDP 衡量一切，但并不包括使我们的生活有意义的东西。"这句话就是他在竞选总统的演说中对 GDP 这个经济指标的批评。他不是经济学家，但他的这段话颇受经济学家的重视。越来越多的人包括非常著名的学者，对用 GDP 衡量经济增长的重要性产生了怀疑。斯蒂格利茨曾经指出，如果一对夫妇留在家中打扫卫生和做饭，这将不会被列入 GDP 的统计范围之内；假如这对夫妇外出工作，另外雇人做清洁和烹调工作，那么这对夫妇和佣人的经济活动都会被计入 GDP。说得更明白一些，如果一名男士雇用一名保姆，保姆的工资也将计入 GDP；如果这位男士与保姆结婚，不给保姆发工资了，GDP 就会减少。

需要进一步指出的是，国内生产总值中所包括的外资企业的产值虽然发生在我们境内，从统计学的意义上为我们创造了 GDP，但利润却是汇回他们自己的国家的。也就是说，他们把 GDP 留给了我们，把利润转回了自己的国家，这就如同在天津打工的安徽民工把 GDP 留给了天津，把挣的钱汇回了安徽一样。看来 GDP 只是一个"营业额",不能反映环境污染的程度,不能反映资源的浪费程度,看不出支撑 GDP 的"物质"内容。在当今中国,资源浪费的形象工程、烂尾工程,都可以算在 GDP 中,都可以增加 GDP。

从上述分析不难看出,目前在评价经济状况、经济增长趋势及社会财富的表现时,使用最为广泛的 GDP 指标,不能完全反映自然与环境之间的平衡,不能完全反映经济增长的质量。这些缺陷使传统的国民经济核算体系不仅无法衡量环境污染和生态破坏导致的经济损失,相反还助长了一些部门和地区为追求高的 GDP 增长而破坏环境、耗竭式使用自然资源的行为。可以肯定的是,目前 GDP 数字里有相当一部分是靠牺牲后代的资源获得的。有些 GDP 的增量用科学的发展观去衡量和评价,不但不是业绩,反而是一种破坏。我们要加快发展、加速发展,但不能盲目发展。

尽管 GDP 存在种种缺陷,但这个世界上本来就不存在一种包罗万象、反映一切的经济指标,在我们现在使用的所有描述和衡量一国经济发展状况的指标体系中,GDP 无疑是最重要的一个指标。正因为有这些作用,所以我们说,GDP 不是万能的,但没有 GDP 是万万不能的。

资料来源:张杰,《西方经济学》,南开大学出版社,2011 年 4 月。

案例分析:案例说明了 GDP 指标的重要性,也说明了该指标的不足。GDP 重在对数量指标的核算和统计,对于环保、人们的生活幸福感等反映质的指标无法衡量。所以生活中不能处处以 GDP 为先。

做 大 乘 数

面对通货紧缩和亚洲金融危机的负面影响,中央政府正确地采取了扩大内需和避免风险的基本对策。然而,尽管扩张性宏观政策的力度很大,但其带动作用却非常有限。连续降息并没有将股市刺激起来,财政扩张也只使国有部门的投资有所增长,而统计资料显示,1998 年非国有部门的投资呈负增长。这是怎么回事呢?

我们现在采取的宏观经济政策倾向,被称为凯恩斯主义。凯恩斯是一个英国贵族,也是经济学家。在他学术生涯的巅峰时期,赶上了 1929—1933 年的世界经济大萧条。他提出的救治方案就是扩张性的宏观经济政策,包括货币政策,即降低利率;也包括财政政策,主要是赤字政策和公共工程。但是这些政策之所以被称为政策,而不是政府的单打独斗,就意味着它们要在社会上产生连锁反应,使效果数倍甚至数十倍于政府的努力。为了解释这样的效果,凯恩斯提出了"投资乘数"的概念。意思是说,当政府比正常情况新增一笔公共工程的投资时,由于该工程要雇用工人和购买设备与原材料,就要支付工资和偿还贷款;而贷款最后也会变成生产设备和原材料的工人的工资。因此投资会引致消费，消费支出又会变成生产消费品的工人的收入，即消费又会引致新的消费。如此循环往复，一笔投资就会变成数倍于这笔投资的需求。这个倍数就是乘数，一个扩张的财政政策的直接效果，就是财政扩张的数额乘以"投资乘数"。由于这是凯恩斯最早提出来的，所以又叫"凯恩斯乘数"。

后来，乘数概念在经济学中泛滥，又有人提出"存款乘数"。意思是说，当银行新增一笔存款时，银行会扣掉一定比率的准备金，然后再把它贷出去；获得贷款的企业或者用来支付货款，或者暂时存入银行，无论如何，都会又回到银行；银行仍旧按上面的办法处理。如此循环，也会使这笔新增存款"创造"出数倍于原来的存款来。这个倍数就是"存款乘数"。

有趣的是，上面讲的"投资乘数"，今天正好对应于财政政策；而"存款乘数"，今天正好对应于货币政策。当我们讨论或预测政策效果时，有两个简单的因素：一个是政策本身的力度，另一个是"乘数"。当政策没有达到预期的效果时，我们既可以说政策的力度不够，又可以说乘数不大。经济学家自然可以讨论政策力度问题，但这更多的是政府的事情；并且无论是财政政策，还是货币政策，都是有很多约束条件的，不是可以任意使用的。例如，财政的首要功能仍是筹措公共物品的资源，当财政本身吃紧时，发挥政策作用的余地就很小，因此更为积极的因素是"乘数"。

毫无疑问，在政策力度一定的情况下，如果政策效应较小，就意味着乘数较小，而又是什么决定乘数呢？在前面的讨论中我们可以注意到，无论是"投资乘数"还是"存款乘数"，其产生和大小都和经济活动及其频率相关。具体地说，就是商品交易的频率和金融交易的频率。交易频率高，也可以说是交易效率高。这就涉及市场的发育和成熟程度。在市场制度不完善时，市场的信用不足，也缺乏效率，所以交易效率就会较低，交易速度就会较慢，在有些时候，交易甚至会受阻。一旦交易缓慢或受阻，形成乘数的循环就会较少，乘数也自然会很小。

事情还不仅仅如此。政策力度与乘数之间，也不是简单的相乘关系，有时两者会互相冲突。政府政策相对于经济制度也并非中性，它经常会产生"体制效应"，即政策本身会对经济制度产生影响。这就存在一种可能性，即扩张性的宏观经济政策会导致负面的体制效应，损害市场制度的改进和完善，结果会使乘数变小。譬如，为了筹措更多的财政资源以支持扩张性的财政政策，政府扩大了对市场的管制范围，结果损害了市场的效率；又譬如，为了避免金融风险，政府采取了过分保守的金融管制政策，会使问题走向另一个极端，导致金融体系的效率降低，存款—贷款的循环甚至会被中断，"存款乘数"就会变小。

既然我们面对的是乘数太小的问题，我们的任务就是要把乘数做大。做大乘数的方法，就是继续进行市场化的制度变革，使初步建立起来的市场制度变得更有效率。

既然政府政策会产生"体制效应",我们的目标就是变负效应为正效应。在财政方面,既然大量亏损的国有企业是财政的"鸡肋",进行企业并购和产权交易,就是具有制度变革特征的、缓解财政危机的手段;在公共工程方面,打破国有部门独揽项目的局面,让非国有企业参与公平的竞标,则是扩展市场规则的又一契机;在货币政策方面,只有将中央银行的再贷款利率与商业银行的市场利率分开,才能更有效地使政策发挥作用,同时又使我国的货币体系向着市场化的方向迈进一步;即使是财政政策手段,如发行政府债券,也可以用来促进金融市场的发展,如利用政府债券支撑起证券市场的交易来。

当然,除了短期手段外,乘数变大是一个漫长的过程。但这并不意味着政府可以忽视这个对政策效果举足轻重的变量。一个明智而有效的政府更应注重借用经济制度本身的力量。它在推行短期的宏观经济政策时,不应伤及那个会使政策效应更为显著的制度基础,同时为了社会与国家的长远发展,不应忘记改进使政府显得更有效的市场体系。至少在政府制定政策的视野内,它的名字叫"乘数"。

资料来源:盛洪,"做大乘数",《人民日报》,1999年5月27日。

案例分析:乘数作用广泛存在于各个经济领域,这篇文章有利于理解乘数的四两拨千斤的作用与原理。

● 引申阅读

计算产出的难题

国内生产总值是一个估计值,它是将一个经济里面数以百万计的各种商品和劳务加起来而得出的一个总和。在计算这一数值的同时会引起一些难题,以下就是其中的一部分难题。

(1)衡量质量的改变

今天的一个西红柿和 50 年前的没什么两样,但是一架飞机或一辆汽车却和 20 年前有了很大区别。一些产品的质量(和价格)几乎每年都会发生变化。考虑一下计算机的迅速发展产生的问题。假如那些计算 GDP 的人们只使用计算机的市场价格进行计算,他们可能得出计算机产出上升缓慢甚至是下降的结论,因为计算机的价格迅速下降。但是人们不想单纯比较计算机的数量,否则将忽视新式计算机日益强大的事实。一种计算计算机产业的真实产出的方法应该同时考虑质量的改进。假如所作修正不够充分,那么结果就会显示产出增长比实际要小得多。再考虑一下医疗卫生的改进产生的问题。以如今可供应用的医疗技术为例,经济学家们应该怎样将现在医疗保险产业的产出和几十年前进行比较呢?统计学家们知道存在这些难题,便想方设法基于质量变化做出某些修正。例如,20世纪70年代早期,由于首次要求汽车安装防污设备,汽车价格上升。统计学家们需要确定增加了的成本是一种单纯的价格提升,因此成为通货膨胀的一个诱因;还是一种质量改进,有效提高了真实产出,因为消费者购买的是一辆更好的汽车。最后他们选择了第二种意见。然而,统计数字的使用者应该记住,所有类型的修正肯定不是十全十美的。

(2) 衡量政府的服务

标准的GDP的计算从销售的价格和数量出发。那么应该如何处理不出售或者不直接出售的商品呢?这类商品的一个重要部分就是政府提供的服务。试想地方政府官员们的工作效率提高,能够迅速完成汽车注册的程序,这可能意味着该地方政府可以雇用较少的人手完成同样的工作。由纳税人交税来支付有关政府职员的薪金,GDP的统计数字仅仅反映了政府职员的工作时间,如果政府的工作效率提高,得出的GDP数值反而可能下降,即使真实的产出即汽车注册数量增加。

(3) 衡量非经市场销售的商品

非经市场销售的商品和服务,例如家庭成员完成的家务劳动,向统计学家提出了相似的难题。统计数字低估了经济产出的真实水平,因为它们忽视了类似这样的经济活动。举例而言,如果一对夫妇留在家中打扫卫生和做饭,这将不会被列入GDP的统计范围之内;但是,假如这对夫妇外出工作,另外雇人做清洁和烹调工作,那么这对夫妇和佣人的经济活动都会被计入GDP中。

(4) 统计学问题的重要性

一些经济学家认为,即使GDP的计算不尽完美,至少这些不尽完美的问题其实在各个时期都相差无几,因此经济学家仍然可以略带犹豫地运用这些数据,作为经济规模的一种描述。放在几年的短时间里考察,这种看法确实相当正确。但是经济结构将随着时间推移发生变化,GDP计算过程中的这些偏差也会发生变化,于是产出和生产力的增长的计算可能出现很大的歪曲。例如,过去几年来,随着越来越多的妇女走出家门,接受有薪工作,相应地她们会更多地聘请管家和在饭店就餐,可能出现的情况就是以往对GDP的低估有所减少,于是GDP的部分增长比真实情况更加明显。另外,如果政府部门发展得比其他部门快,而GDP的计算方法又系统地忽略了公共部门的生产力的增长,那么就会得出生产力增长放缓的结论,但实际并非如此。

资料来源:斯蒂格利茨,《〈经济学〉小品与案例》,中国人民大学出版社,1998年11月。

"蜜蜂的寓言"启发了凯恩斯:总需求决定理论

凯恩斯认为,在短期中决定经济状况的是总需求而不是总供给。这就是说,由劳动、资本和技术所决定的总供给,在短期中是既定的,这样,决定经济的就是总需求。总需求决定了短期中国民收入的水平。总需求增加,国民收入增加;总需求减少,国民收入减少。

18世纪初,一个名叫孟迪维尔的英国医生写了一首题为"蜜蜂的寓言"的讽喻诗,这首诗叙述了一个蜂群的兴衰史。最初,蜜蜂们追求奢侈的生活,大肆挥霍浪费,整个蜂群兴旺发达。后来它们改变了原有的习惯,崇尚节俭,结果蜂群凋敝,终于被敌手打败而逃散。这首诗所宣扬的"浪费有功"在当时受到指责。英国中塞克斯郡大陪审团的委员们就曾宣判它为"有碍公众视听的败类作品"。但在200多年之后,这部当时声名狼藉的作品却启发凯恩斯发动了一场经济学上的"凯恩斯革命",建立了现代宏观经济学和总需求决定理论。

在20世纪30年代之前,经济学家信奉的是萨伊定理。萨伊是18—19世纪的法国经济学家,他提出供给决定需求,有供给就必然创造出需求,所以,不会存在生产过剩性经济危机。这种观点被称为萨伊定理。但20世纪20年代英国经济停滞和30年代全世界普遍的生产过剩及严重失业打破了萨伊定理的神话。凯恩斯在批判萨伊定理中建立了以总需求分析为中心的宏观经济学。

引起20世纪30年代大危机的正是总需求不足,或者用凯恩斯的话来说是有效需求不足。凯恩斯把有效需求不足归咎于边际消费倾向下降引起的消费需求不足和资本边际效率(预期利润率)下降与利率下降有限度引起的投资需求不足。解决的方法则是政府用经济政策刺激总需求,包括增加政府支出的财政政策和降低利率的货币政策,凯恩斯强调的是财政政策。

在凯恩斯主义经济学中,总需求分析是中心。总需求包括消费、投资、政府购买和净出口。短期中,国民收入水平由总需求决定。通货膨胀、失业、经济周期都是由总需求的变动所引起的。当总需求不足时就出现失业与衰退,当总需求过大时就出现通货膨胀与扩张。从这种理论中得出的政策主张称为需求管理,其政策工具是财政政策与货币政策。当总需求不足时,采用扩张性财政政策(增加政府各种支出和减税)与货币政策(增加货币供给量和降低利率)来刺激总需求;当总需求过大时,采用紧缩性财政政策(减少政府各种支出和增税)与货币政策(减少货币供给量和提高利率)来抑制总需求。这样就可以实现既无通货膨胀又无失业的经济稳定。

总需求理论的提出在经济学中被称为一场"革命"(凯恩斯革命),它改变了人们的传统观念。例如,关于如何看待节俭,在传统观念中,节俭是一种美德;但根据总需求理论,节俭就是减少消费,消费是总需求的一个重要组成部分,消费减少就是总需求减少,总需求减少则使国民收入减少,经济衰退。由此看来,对个人是美德的节俭,对社会却是恶行。这就是经济学家经常说的"节约悖论"。"蜜蜂的寓言"所讲的也是这个道理。

凯恩斯重视消费的增加。1933年当英国经济处于萧条时,凯恩斯曾在英国广播公司(BBC)电台号召家庭主妇多购物,称她们此举是在"拯救英国"。在《就业、利息和货币通论》中他甚至还开玩笑地建议,如果实在没有增加支出的方法,可以把钱埋入废弃的矿井中,然后让人去挖出来。已故的北京大学经济学教授陈岱孙曾说过,凯恩斯只是用幽默的方式鼓励人们多消费,并非真的让你这样做。但增加需求支出以刺激经济则是凯恩斯本人和凯恩斯主义者的一贯思想。

那么,这种对传统节俭思想的否定正确与否呢?还是要具体问题具体分析。生产的目的是消费,消费对生产有促进作用,这是人人都承认的。凯恩斯主义的总需求分析是针对短期内总需求不足的情况。在这种情况下刺激总需求当然是正确的。这些年当我国经济面临需求不足时政府也在努力寻求新的消费热点,说明这种理论不无道理。

当然,这种刺激总需求的理论与政策并不是普遍真理。至少在两种情况下,这种理论并不适用。其一是短期中当总供给已等于甚至大于总需求时再增加总需求会引发需求拉动的通货膨胀。其二是在长期中,资本积累是经济增长的基本条件,资本来自储蓄,要储蓄就要减少消费,并把储蓄变为另一种需求——投资需求,这时提倡节俭就有意义了。

凯恩斯主义总需求理论的另一个意义是打破了市场机制调节完善的神话,肯定了政府干预在稳定经济中的重要作用。第二次世界大战后各国政府在对经济的宏观调控中尽管犯过一些错误,但总体上还是起到了稳定经济的作用。战后经济周期性波动程度比战前小,而且没有出现20世纪30年代那样的大萧条就充分证明了这一点。

世界上没有什么放之四海而皆准的真理。一切真理都是具体的、相对的、有条件的。只有从这个角度去认识凯恩斯主义的总需求理论才能得出正确的结论。其实就连"蜜蜂的寓言"这样看似荒唐的故事中不也包含了真理的成分吗?

资料来源:jwc.njue.edu.cn

第二部分 练习与思考

一、填空题

1. 宏观经济学以_____作为研究对象。
2. 国民生产总值是指一国一年内所生产的_____的市场价值的总和。
3. 国民生产总值的计算方法主要有_____、_____和_____。
4. 国民经济核算体系以_____法所计算出的国民生产总值为标准。
5. 国民收入核算中的五个基本总量是_____、_____、_____、_____、_____。
6. 国民生产总值扣除折旧之后的产值是_____。
7. 国民收入是一个国家一年内以货币计算的用于生产的各种生产要素所得到的全部收入,即_____、_____、_____和_____的总和。
8. 名义国内生产总值与实际国内生产总值之比称为_____。
9. 消费可以分为两个部分,一部分是不取决于收入的_____,另一部分是随收入变动而变动的_____。
10. 总需求中不变的自发消费与投资称为_____。
11. 边际消费倾向越高,乘数越_____;边际消费倾向越低,乘数越_____。
12. 在价格水平既定时,自发总需求增加,总需求曲线向_____移动;自发总需求减少,总需求曲线向_____移动。
13. 总供给曲线有两种不同情况,即_____总供给曲线、_____总供给曲线。

二、选择题

1. 在下列三种产品中应该计入当年国内生产总值的是:(　　)
   A. 当年生产的拖拉机
   B. 去年生产而在今年销售出去的拖拉机
   C. 某人去年购买而在今年转售给他人的拖拉机

2. 在下列三种情况中应该计入当年国内生产总值的是:(　　)

A. 用来生产面包的面粉

B. 居民用来自己食用的面粉

C. 粮店为居民加工面条的面粉

3. 在下列三种情况中作为最终产品的是:(　　)

A. 公司用于联系业务的小汽车

B. 工厂用于运送物品的小汽车

C. 旅游公司用于载客的小汽车

4. 国内生产总值中的最终产品是指:(　　)

A. 有形的产品

B. 无形的产品

C. 既包括有形的产品,也包括无形的产品

5. 支出法又称:(　　)

A. 要素支付法　　　　B. 部门法　　　　C. 最终产品法

6. 按支出法,应计入私人国内总投资的项目是:(　　)

A. 个人购买小汽车　　B. 个人购买游艇　　C. 个人购买住房

7. 实际国内生产总值是按基期的(　　)价格计算的国内生产总值。

A. 不变　　　　　　　B. 可变　　　　　　C. 参考

8. 国内生产总值与国内生产净值之间的差别是:(　　)

A. 直接税　　　　　　B. 间接税　　　　　C. 折旧

9. 所谓净出口是:(　　)

A. 出口减进口　　　　B. 进口减出口　　　C. 出口加进口

10. 在两部门经济中,如果用支出法衡量,总需求等于:(　　)

A. $C+I$　　　　　　B. $C+I+G$　　　　C. $C+I+G+X-M$

11. 在四部门经济中,如果用支出法衡量,总需求等于:(　　)

A. $C+I+G+X$　　　B. $C+I+G+M$　　C. $C+I+G+X-M$

12. 下面哪一部分收入是居民挣得的但他们并没有拿到:(　　)

A. 所得税　　　　　　B. 工资和薪金　　　C. 红利

13. 下面哪一部分收入不是居民挣得的但他们却拿到了:(　　)

A. 转移支付　　　　　B. 利息　　　　　　C. 租金

14. 实际国内生产总值随着下述哪个因素的变化而变化:(　　)

A. 商品的价格　　　　B. 商品的数量　　　C. 商品的数量与价格

15. 下列哪一项不列入国内生产总值的核算:(　　)

A. 出口到国外的一批货物

B. 政府给贫困家庭发放的一笔救济金

C. 保险公司收到的一笔家庭财产保险费

16. 引致消费取决于:(　　)

　　A. 自发消费　　　　　B. 边际储蓄倾向　　　C. 国民收入

17. 某居民上个月的可支配收入是2 500美元,他取出500美元储蓄使消费支出为3 000美元。这个居民本月的可支配收入是2 800美元,他仍取出200美元使消费支出保持3 000美元。由此可知,他上个月、这个月的平均消费倾向,以及在这个收入变化范围内的边际消费倾向分别是:(　　)

　　A. 6/5,5/6,0　　　　B. 15/14,6/5,1　　　C. 6/5,15/14,0

18. 消费曲线位于45°线上方,表明储蓄是:(　　)

　　A. 正数　　　　　　　B. 零　　　　　　　　C. 负数

19. 居民的收支相抵点是消费曲线:(　　)

　　A. 与纵轴的交点　　　B. 与横轴的交点　　　C. 与45°线的交点

20. 在以下四种情况中,乘数最大的是:(　　)

　　A. 边际消费倾向为0.2　B. 边际消费倾向为0.4　C. 边际消费倾向为0.5

21. 与边际储蓄倾向上升相对应的情况是:(　　)

　　A. 可支配收入水平下降　B. 边际消费倾向下降　C. 边际消费倾向上升

22. 如果增加100万美元政府投资使国民收入增加了1 000万美元,那么边际消费倾向一定是:(　　)

　　A. 10%　　　　　　　B. 100%　　　　　　　C. 90%

23. 总需求曲线是一条:(　　)

　　A. 向右下方倾斜的曲线　B. 向右上方倾斜的曲线　C. 垂直于数量轴的直线

24. 总需求曲线向右上方移动的原因是:(　　)

　　A. 政府支出减少　　　B. 货币供给量增加　　　C. 私人投资减少

25. 价格不变、总供给可以增加时的总供给曲线是:(　　)

A. 凯恩斯主义总供给曲线

B. 短期总供给曲线

C. 长期总供给曲线

26. 长期总供给曲线表示:(　　)

A. 经济中已经实现了充分就业

B. 经济中的资源还没有得到充分利用

C. 在价格不变时,总供给可以无限增加

27. 短期总供给曲线向右移动表示:( )

A. 价格水平上升,总供给增加

B. 价格水平不变,总供给增加

C. 价格水平不变,总供给减少

28. 总需求的变动引起国民收入与价格同方向变动的总供给曲线是:( )

A. 凯恩斯主义总供给曲线

B. 短期总供给曲线

C. 长期总供给曲线

29. 在短期总供给曲线上,总需求减少引起:( )

A. 价格水平下降,国民收入增加

B. 价格水平下降,国民收入不变

C. 价格水平下降,国民收入减少

30. 在总需求不变时,短期总供给增加引起:( )

A. 国民收入增加,价格水平下降

B. 国民收入增加,价格水平上升

C. 国民收入减少,价格水平上升

31. 在资源得到充分利用的情况下,总需求增加引起:( )

A. 价格水平上升,国民收入不变

B. 价格水平下降,国民收入不变

C. 价格水平不变,国民收入增加

32. 在资源尚未得到充分利用的情况下,制止通货膨胀的最有效办法是:( )

A. 刺激总需求　　　　B. 刺激总供给　　　　C. 抑制总需求

三、判断题

1. 本年的国内生产总值中不包括上年创造的价值。

2. 国内生产总值等于各种最终产品和中间产品的价值总和。

3. 国内生产总值中的最终产品是指有形的物质产品。

4. 今年建成并出售的房屋的价值和去年建成而在今年出售的房屋的价值都应计入今年的国内生产总值。

5. 用作钢铁厂炼钢用的煤和居民烧火用的煤都应计入国内生产总值中。

6. 同样的服装,在生产中作为工作服穿就是中间产品,而在日常生活中穿就是最终产品。

7. 某人出售一幅旧油画所得到的收入,应该计入当年的国内生产总值。

8. 如果农民种植的粮食用于自己消费,则这种粮食的价值就无法计入国内生产总值内。

9. 居民购买住房属于个人消费支出。

10. 从理论上讲,按支出法、收入法和部门法所计算出的国内生产总值是一致的。

11. 国内生产总值减去折旧就是国内生产净值。

12. 个人收入等于消费与储蓄之和。

13. 国民收入等于工资、利润、利息和地租之和。

14. 个人收入就是个人可支配收入。

15. 家庭主妇提供劳务应得的收入,构成国内生产总值的一部分。

16. 均衡的国民收入一定等于充分就业的国民收入。

17. 消费和储蓄都与收入成同向变动,所以,收入增加,消费和储蓄都可以增加。

18. 在消费曲线与45°线相交的时候,消费支出等于储蓄。

19. 自发消费随收入的变动而变动,它取决于收入和边际消费倾向。

20. 在资源没有得到充分利用时,增加储蓄会使国民收入减少,减少储蓄会使国民收入增加。

21. 乘数的大小取决于边际消费倾向。

22. 边际消费倾向越高,乘数就越大。

23. 在任何情况下,乘数原理都是适用的。

24. 在短期总供给曲线上,总需求的变动会引起国民收入与价格水平同方向变动。

25. 在长期总供给曲线上,总需求的变动会引起国民收入与价格水平同方向变动。

26. 当考虑到总供给时,总需求变动对价格水平和国民收入的影响就不一样。

27. 在总需求不变时,短期总供给的增加会使国民收入增加,价格水平下降。

28. 在资源尚未得到充分利用的情况下,采用刺激总供给的政策来应对通货膨胀比采用抑制总需求的政策更为有利。

四、计算题

1. 根据下表信息计算:(1) 国内生产总值;(2) 国内生产净值;(3) 净出口;(4) 可支配收入;(5) 储蓄。

消费支出(C)	6 000 亿元
税收(TX)	4 000 亿元
政府转移支付(TR)	2 500 亿元
出口(X)	2 400 亿元
进口(M)	2 200 亿元
政府购买(G)	2 000 亿元
投资支出(I)	1 500 亿元
折旧(D)	600 亿元

2. 根据下表信息,(1)按收入法计算 GDP;(2)按支出法计算 GDP;(3)计算预算赤字;(4)计算储蓄额。

工资	100 亿元
利息	10 亿元
地租	30 亿元
利润	30 亿元
消费支出(C)	90 亿元
投资支出(I)	60 亿元
出口额(X)	60 亿元
进口额(M)	70 亿元
所得税(T)	30 亿元
政府转移支付(TR)	5 亿元
政府购买(G)	30 亿元

3. 社会收入水平为 1 000 亿元,消费为 800 亿元,当收入增加至 1 200 亿元时,消费增加至 900 亿元。请计算:(1)平均消费倾向;(2)平均储蓄倾向;(3)边际消费倾向;(4)边际储蓄倾向。

4. 根据第 3 题所计算出的边际消费倾向,当自发总需求增加 500 亿元时,国民收入会增加多少?当自发总需求减少 500 亿元时,国民收入会减少多少?

五、问答题

1. 什么是国内生产总值?

2. 用支出法、收入法、部门法所计算出的国内生产总值一致吗?如果不一致,应该怎么办?

3. 国民收入中的基本总量共有几个?它们是什么?这些总量之间的关系如何?

4. 国民收入核算体系衡量经济成果存在哪些缺陷?

5. 什么是乘数？其计算公式是什么？乘数在经济中发生作用的前提条件是什么？

6. 用总需求—总供给模型说明在不同的总供给曲线下，总需求变动对国民收入与价格水平有何不同的影响？

习题参考答案

一、填空题

1. 社会总体的经济活动
2. 所有最终产品
3. 支出法；收入法；部门法
4. 支出
5. 国内生产总值；国内生产净值；国民收入；个人收入；个人可支配收入
6. 国内生产净值
7. 工资；利润；利息；地租
8. 国内生产总值平减指数
9. 自发消费；引致消费
10. 自发总需求
11. 大；小
12. 右上；左下
13. 长期；短期

二、选择题

1—5 ABCCC；6—10 CACAA；11—15 CAABB；16—20 CCCCC；21—25 BCABA；26—30 ABBCA；31—32 AB

三、判断题

1—5 √××× ；6—10 ×√√×√；11—15 √√√××；16—20 ×√××√；21—25 √√×√×；26—28 √√√

四、计算题

1. 国内生产总值为 9 700 亿元；(2) 国内生产净值为 9 100 亿元；(3) 净出口为 200 亿元；(4) 可支配收入为 7 600 亿元；(5) 储蓄为 1 500 亿元。

2. (1) 按收入法计算 GDP 为 170 亿元；(2) 按支出法计算 GDP 为 170 亿元；(3) 预算赤字为 5 亿元；(4) 储蓄额为 55 亿元。

3. (1) 平均消费倾向为 0.8；(2) 平均储蓄倾向为 0.2；(3) 边际消费倾向为 0.5；(4) 边际储蓄倾向为 0.5。

4. 增加 1 000 亿元；减少 1 000 亿元。

五、问答题

1. 国内生产总值是一国一年内所生产的所有最终产品的市场价值之和。

2. 三种方法计算的国内生产总值有时会不一致，此时要以支出法为基础进行调整。

3. 在国民收入核算中，除了国内生产总值之外还有四个重要的总量概念：

国内生产净值（NDP）：一个国家一年内新增加的产值，即等于在国内生产总值中扣除了折旧以后的产值。

国民收入（NI）：一个国家一年内以货币计算的用于生产的各种生产要素所得到的全部收入，即等于工资、利润、利息和地租的总和。

个人收入（PI）：一个国家一年内个人所得到的全部收入。

个人可支配收入（PDI）：一个国家一年内可以由个人支配的全部收入，它可以分为消费与储蓄两个部分。

在五个总量中，最重要的是国内生产总值，因此，国民收入核算首先是计算国内生产总值。只要计算出了这一总量,就可以根据这五个总量之间所存在的关系,计算出其他总量。

这五个总量之间的关系是:从国内生产总值中减去折旧就可以得出国内生产净值。从国内生产总值中减去间接税就是国民收入。从国民收入中减去公司未分配利润,减去企业所得税,加上政府给居民户的转移支付,加上政府向居民户支付的利息就是个人收入。从个人收入中减去个人所交纳的税收(如所得税、财产税等)就是个人可支配收入。

4. 国内生产总值可以使我们大致了解一个国家的总体经济情况,但它并不能完全准确地反映出一国的实际经济情况,这是因为国民收入核算本身存在着一些缺陷。

首先,在进行国民收入核算时,有些经济活动是无法计入的。例如,在各国普遍存在非法经济活动(如毒品的生产与贩卖、投机活动等);在许多国家,特别是在发展中国家大量存在的非市场经济活动(如自给性生产与服务、物物交易等);在各国都存在的为了偷税、漏税而不向政府上报的经济活动(如地下工厂的生产、私人之间的交易等),这些都无法计入国民收入。

其次,国内生产总值并不能反映出人们从生产中所得到的福利变动的情况。例如,它反映不出人们在精神上的满足与不满足,反映不出闲暇所带来的福利,反映不出污染对人们生活质量所带来的变化,反映不出产品质量的进步与产品类别的变动对人们福利的影响,也反映不出社会上产品分配的情况及其对社会福利的影响。国内生产总值的增加也并不等于社会福利的增加。正因为如此,所以我们要关注 GDP,但不能"唯 GDP"。

最后,在运用国民收入的各项指标进行国际比较时,还会遇到许多困难。这不仅仅是各国运用的国民收入统计方法不同而带来的比较困难,就算是在用同一种国民收入统计方法的各国之间,由于各国市场化程度的不同、各国产品结构与各类产品价格水平的不同、各国统计资料的完备性不同等,也很难进行准确的比较。

5. 乘数正是国内生产总值的变动量与引起这种变动的总需求增加量之间的比率。如果增加的总需求是指投资,投资量及其所引起的国内生产总值变动量之间的比率就是投资乘数;如果增加的总需求是指净出口,净出口量及其所引起的国内生产总值变动量之间的比率就是对外贸易乘数。乘数 $K = 1/(1 - 边际消费倾向)$。

乘数只有在经济中资源未得到充分利用的情况下才会发挥作用。如果资源已得到了充分利用,实现了潜在 GDP,乘数就不会发生作用。

6. 总需求与总供给决定国民收入与价格水平,当然总需求与总供给的变动也会引起国民收入与价格水平的变动。在短期中,总需求增加,国民收入增加,价格水平上升;总需求减少,国民收入减少,价格水平下降。在长期中,由于已达到充分就业水平,总需求增加只引起价格水平上升,而国民收入保持不变。(图略)

第八章 失业与通货膨胀理论

第一部分 学习指导[1]

- ## 学习目的与要求

  1. 理解充分就业的含义。
  2. 掌握失业的几种分类及其原因。
  3. 理解奥肯定理的含义。
  4. 掌握通货膨胀的含义及分类。
  5. 理解通货膨胀的原因及其对经济的影响。
  6. 理解菲利普斯曲线的含义及不同学派对失业与通货膨胀关系的解释。

- ## 学习方法

  本章可以首先从概念、分类、成因、影响这四个方面来掌握失业与通货膨胀的有关知识,最后通过理解失业与通货膨胀之间的关系来了解不同学派的政策主张。本章理论知识的学习最好与现实经济问题结合起来加以理解。

- ## 重点与难点

  1. 充分就业、周期性失业、自然失业、奥肯定理的含义
  2. 通货膨胀的成因及影响
  3. 菲利普斯曲线的含义

---

[1] 此章对应《西方经济学导论》第九章失业与通货膨胀。

● 知识框架

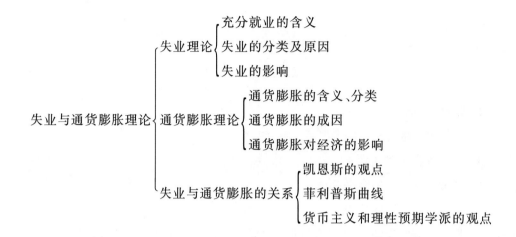

● 案例导入

20 世纪 80 年代阿根廷的恶性通货膨胀

在 20 世纪 80 年代,阿根廷的年通货膨胀率平均达到 450%,1990 年年初之前的 12 个月其通货膨胀率更飙升至 20 000%。在这种情况下,经济活动的主要目的只是避免通货膨胀吞噬一切。一位阿根廷商人约格这样描述道:

"通货膨胀使你终日战战兢兢。我们公司所在的产业只能给你 4—5 天的赊账周期。人们不再关心生产力乃至技术,保护你的流动资产比包括研发技术在内的长期目标更重要,尽管你希望两者兼顾。这是恶性通货膨胀不可避免的恶果,即货币疾病。你的钱分崩离析,无法挽回。

"你得过且过。当通货膨胀率超过每天 1%,你别无选择。你放弃计划,只要可以支撑到周末就感到满足。然后我就会待在公寓里阅读有关古代板球比赛的书籍。

"人均而言,目前我们比 1975 年贫穷 25%。真正的受害者是你看不见的穷人、老人和年轻人。他们被赶出大型火车站……那些人是阿根廷生活中的弃儿,像大海的浪花。"

阿根廷的高通货膨胀终于出现了一个充满希望的转机。1989 年刚刚当选总统的卡洛斯·梅内姆宣布了反通货膨胀计划。此外,他还支持许多以市场为导向的经济改革,包括在1991年年初任命由哈佛大学培养的经济学家多明戈·卡瓦洛为经济大臣。在20世纪90年代初期,通货膨胀率已降为每年30%左右。

资料来源:编者根据网络资料整理。

案例分析:当通货膨胀率超过每月50%时,即为恶性通货膨胀。这时物价总水平上升极为严重,这种通货膨胀会使金融体系和整个经济崩溃,甚至引起政治动荡。

20世纪70年代美国反通货膨胀的代价

20世纪70年代,美国经济处于滞胀时期。1979年夏,其通货膨胀率一度高达14%,失业率高达6%,而经济增长率不足1.5%。在这种形势下,保罗·沃尔克被任命为美联储主席,他上台后的首要任务即反通货膨胀。沃尔克把贴现率提高到12%,减少实际货币供给量,但到1980年2月通货膨胀率仍高达14.9%,与此同时,失业率高达10%。沃尔克顶住各方面压力,继续实施这种紧缩政策,终于在1984年使通货膨胀率降至4%,开始了20世纪80年代的繁荣。

沃尔克反通货膨胀的目标最终达到了,但是却带来了严重的失业。经济学家把通货膨胀率减少1%的过程中每年国内生产总值减少的百分比称为牺牲率。国内生产总值减少必然引起失业加剧。这充分说明通货膨胀与失业之间在短期内存在交替关系,实现低通货膨胀在一定时期内是以高失业为代价的。经济学家把牺牲率确定为5%,即通货膨胀率每降低1%,国内生产总值减少5%。美国的通货膨胀率由1980年的10%降为1984年的4%,依此算法,美国每年减少的国内生产总值应为30%。但实际上,国内生产总值的降低并没有这么严重。其原因在于政府坚定不移的反通货膨胀努力使人们降低了对通货膨胀的预期,从而菲利普斯曲线向下移动,这样,反通货膨胀的代价就小了。

资料来源:编者根据网络资料整理。

案例分析:传统经济学认为,经济增长会导致工资提高,工资提高会引起物价上涨,从而引起通货膨胀率上升。著名的菲利普斯曲线是一条向右下方倾斜的曲线,它显示了失业率和通货膨胀率之间存在的反相关关系,即如果失业率较低,通货膨胀率就会较高;如果通货膨胀率较低,失业率就会较高。因此,一个国家要保持较低的通货膨胀率,就必须接受较低的经济增长率;要保持较高的经济增长速度,就必须付出高通货膨胀的代价。

因此了解菲利普斯曲线对观察和发现许多经济事件中的发生原因和发展趋势是至关重要的。特别是决策者在运用各种政策工具时,会经常需要考虑并利用到这种交替关系。因为在短期决策中政府可以通过改变财政支出、税收和货币供给量来影响经济发展中的通货膨胀与失业。

• 引申阅读

失业统计方法的国别比较

近年来,我国的劳动统计工作有了长足的进步,在指标设计、内涵界定、统计口径与方法上不断充实国际上的通行做法,但仍与国际劳工统计大会的要求有较大差距,并给宏观经济预测与管理带来了不便。与其他一些发达国家相比,在失业统计时的差异可用下表来表示:

各国失业统计方法的比较

国别	日本	美国	英国	法国	中国
失业者数据搜集方法	劳动力调查（样本调查）	现时人口调查（CPS）	失业金支付中心的业务数据	国家雇佣厅的业务数据	劳动部门的业务数据
调查时间	每月一次	每月一次	每月一次	每月一次	2007年起,调查每季度（2月、5月、8月和11月）进行一次
调查期间	1周（每月末）	1周（每月12日所在的周）	1日（每月第2个星期四）	1日（每月末）	
调查对象的年龄	15岁以上	16岁以上	男16—70岁,女16—65岁	16岁以上	男16—50岁,女16—45岁
失业者的定义	无工作且在调查期间内一点工作也没做的人员中,有劳动能力并希望有工作且正在找工作,如果有工作就可以立刻去工作,或正在等待过去的求职结果的人	(1)在调查期间内无任何工作,且在调查周内能够工作,并在过去4周内进行过求职活动的人;(2)被一时解雇的人;(3)正在等待已预定好的30天内就可工作的人	在调查日无工作,有劳动能力,在失业金支付中心申请补助的人	无工作的人中,有劳动能力,且希望有全日制工作,并在国家雇佣厅进行了求职登记的人	(1)非农业户口;(2)有劳动能力;(3)无业而要求就业,并在当地就业服务机构进行求职登记的人
失业率的算式	(失业者/劳动力人口)×100%	(失业者/劳动力人口)×100%	(失业者/劳动力人口)×100%	估计失业者/劳动力人口×100%	(城镇失业者/城镇劳动人口)×100%

（续表）

国别	日本	美国	英国	法国	中国
失业率算式中分母的定义	就业者+失业者	（1）就业者+失业者；（2）除去就业时间不满15小时的没有工资的家务劳动者	就业者+自我雇佣者+军人+接受职业训练的人+失业者	就业者+估计失业者（估计失业者是每年计算1次，据此对每月的登记失业数据进行推算得出）	城镇单位从业人员+不在岗职工+私营业主、个体户主+私企个企从业人员+城镇失业人员
失业率算式中分母的搜集方法	劳动力调查	现时人口调查	每个季度的单位调查，每年1次的劳动力调查	普查数据，其他的行政资料	城镇就业服务机构的登记资料
公布机构	总务厅统计局	劳工统计局	就业部统计科	国立经济统计研究所	国家统计局与人力资源和社会保障部

资料来源：张杰，《西方经济学》，南开大学出版社，2011年4月。

第二部分 练习与思考

一、填空题

1. 消灭了周期性失业时的就业状态就是_____。
2. 充分就业时的失业率称为_____。
3. 周期性失业是由于_____不足而引起的短期失衡。
4. 一个经济中有3 000万工人，当减少600万工人后，国内生产总值并没有减少，这说明该经济中存在着_____性失业。
5. 奥肯定理表明失业率与实际国民收入增长率之间的_____方向变动关系。
6. 成本（供给）推动的通货膨胀，根据其原因的不同可分为_____、_____、_____。
7. 菲利普斯曲线是用来表示_____与_____之间交替关系的曲线。

二、选择题

1. 在美国,以下情况中属于失业者的是(　　)

   A. 从学校毕业,连续4周未找到工作的人

   B. 从学校毕业,连续7天未找到工作的人

   C. 被企业解雇但未到有关部门登记注册的人

2. 假设某个国家的总人口数为3 000万人,就业者为1 500万人,失业者为500万人,则该国的失业率为:(　　)

   A. 17%　　　　　　　B. 34%　　　　　　　C. 25%

3. 失业率是:(　　)

   A. 失业人数占劳动力总数的百分比

   B. 失业人数占整个国家人数的百分比

   C. 失业人数占就业人数的百分比

4. 充分就业的含义是:(　　)

   A. 人人都有工作,没有失业者

   B. 消灭了周期性失业时的就业状态

   C. 消灭了自然失业时的就业状态

5. 奥肯定理是描述下列哪一项关系的一条经验规律:(　　)

   A. 失业率与通货膨胀率

   B. 国民收入增长率与失业率

   C. 国民收入增长率与通货膨胀率

6. 引起摩擦性失业的原因是:(　　)

   A. 工资能升不能降的刚性

   B. 总需求不足

   C. 经济中劳动力的正常流动

7. 周期性失业是指:(　　)

   A. 由于某些行业生产的季节性变动所引起的失业

   B. 由于总需求不足而引起的短期失业

   C. 由于劳动力市场结构的特点,劳动力的流动不能适应劳动需求变动所引起的失业。

8. 隐蔽性失业是指:(　　)

A. 表面上有工作,实际上对生产没有做出贡献的人

B. 实际失业而未去有关部门登记注册的人

C. 被企业解雇而找不到工作的人

9. 通货(现金)是指:(　　)

A. 纸币和商业银行的活期存款

B. 纸币和商业银行的储蓄存款

C. 纸币和铸币

10. 在经济学中,M_1是指:(　　)

A. 现金和一切形式的储蓄存款

B. 现金或通货

C. 现金与商业银行的活期存款

11. 存款货币是指:(　　)

A. 信用卡

B. 现金或通货

C. 商业银行中的定期存款和其他机构的储蓄存款

12. 在以下三种情况中,可称为通货膨胀的是:(　　)

A. 物价总水平的上升持续了一个星期之后又下降了

B. 物价总水平上升而且持续了一年

C. 一种物品或几种物品的价格水平上升而且持续了一年

13. 生活费用指数是指:(　　)

A. 消费物价指数　　　　B. 批发物价指数　　　　C. 国内生产总值平减指数

14. 已知充分就业的国民收入是10 000亿美元,实际的国民收入是9 800亿美元,边际消费倾向是80%。在增加100亿美元的投资以后,经济将发生:(　　)

A. 需求拉动的通货膨胀　　B. 周期性失业　　C. 成本推动的通货膨胀

15. 凯恩斯所说的需求拉动的通货膨胀发生的条件是:(　　)

A. 资源得到了充分利用,而总需求仍然在增加

B. 资源得到了充分利用,但总需求并不增加

C. 资源未得到充分利用,总需求仍然在增加

16. 在通货膨胀不能完全预期的情况下,通货膨胀将有利于:(　　)

A. 债务人　　　　　　B. 债权人　　　　　　C. 工人

17. 根据菲利普斯曲线,降低通货膨胀率的办法是:(　　)

A. 减少货币供给量　　　B. 降低失业率　　　　C. 提高失业率

18. 菲利普斯曲线表明,要压低失业率,就不得不使:(　　)

A. 通货膨胀率上升　　B. 政府预算赤字扩大　　C. 利率上升

19. 假定目前的失业率是6%,通货膨胀率是1.5%,社会可以接受的失业率和通货膨胀率分别为4%。根据菲利普斯曲线,政府应该:(　　)

A. 采用收缩性的财政政策和货币政策

B. 采用扩张性的财政政策和收缩性的货币政策

C. 采用扩张性的财政政策和货币政策

20. 货币主义者认为菲利普斯曲线所表示的失业率与通货膨胀率之间的交替关系:(　　)

A. 只存在于短期中

B. 只存在于长期中

C. 在短期与长期中均存在

21. 认为在长期与短期中都不存在菲利普斯曲线所表示的失业率与通货膨胀率之间交替关系的经济学流派是:(　　)

A. 凯恩斯主义学派　　B. 货币主义学派　　C. 理性预期学派

22. 凯恩斯主义认为宏观经济政策:(　　)

A. 在短期与长期中均是有用的

B. 在短期与长期中均是无用的

C. 只在短期中有用,而在长期中无用

三、判断题

1. 无论什么人,只要没有找到工作就属于失业。

2. 衡量一个国家经济中失业情况的最基本指标是失业率。

3. 充分就业与任何失业的存在都是矛盾的,因此,只要经济中有一个失业者存在,就不能说实现了充分就业。

4. 在一个国家里,自然失业率是一个固定不变的数。

5. 只要存在失业工人,就不可能有工作空位。

6. 因新加入劳动力队伍,正在寻找工作而造成的失业属于摩擦性失业。

7. 周期性失业是总需求不足所引起的失业。

8. 根据奥肯定理,在经济中实现了充分就业后,失业率每增加1%,则实际国民收入就会减少约2.5%。

9. 通货膨胀是指物价水平普遍而持续的上升。

10. 无论是根据消费物价指数,还是根据批发物价指数、国内生产总值平减指数,所计算出的通货膨胀率都是完全一致的。

11. 在任何经济中,只要存在通货膨胀的压力,就会表现为物价水平的上升。

12. 紧缩性缺口是指实际总需求大于充分就业的总需求时两者的差额,膨胀性缺口是指实际总需求小于充分就业总需求时两者之间的差额。

13. 凯恩斯认为,引起总需求过多的根本原因是货币的过量发行。

14. 在总需求不变的情况下,总供给曲线向左上方移动所引起的通货膨胀称为成本(供给)推动的通货膨胀。

15. 经济学家认为,引起工资推动的通货膨胀和利润推动的通货膨胀的根源都在于经济中的垄断。

四、计算题

1. 假设一国有纸币1 200亿元,铸币10亿元,银行活期存款3 000亿元,银行定期存款4 000亿元,其他机构的储蓄存款2 000亿元,请计算该经济中的M_0、M_1与M_2。

2. 假定2014年的物价指数为128,2015年的物价指数为136,那么,2015年的通货膨胀率是多少?

五、问答题

1. 什么是自然失业?其分为哪几种失业?
2. 什么是周期性失业?其存在的原因是什么?
3. 成本(供给)推动的通货膨胀可分为哪几种?
4. 通货膨胀对经济有哪些影响?

习题参考答案

一、填空题

1. 充分就业
2. 自然失业率
3. 总需求
4. 隐蔽
5. 反
6. 工资成本推动;进口成本推动;利润推动
7. 失业率;通货膨胀率

二、选择题

1—5 ACABB;6—10 CBACC;11—15 CBAAA;16—20 ACACA;21—22 CA

三、判断题

1—5 ×√×××;6—10 √√×√×;11—15 √×√√√

四、计算题

1. $M_0 = 1\,210$ 亿元;$M_1 = 4\,210$ 亿元;$M_2 = 10\,210$ 亿元
2. 6.25%

五、问答题

1. 自然失业是指一些难以克服的原因引起的失业。自然失业通常分为三类：摩擦性失业、结构性失业和制度性（政策性）失业。

2. 周期性失业指由于总需求不足，国内生产总值未达到充分就业的水平，即未达到潜在 GDP 而引起的失业。这种失业随经济周期的变动而变动。当经济繁荣、总需求充分时，这种失业就消失；当经济萧条、总需求不足时，这种失业就存在。因此，称为周期性失业。

3. 成本（供给）推动的通货膨胀是由于成本增加，在价格既定时，总供给减少所引起的通货膨胀。可分为工资成本推动、进口成本推动及利润推动。

4. 通货膨胀的类型不同，对经济的影响也不同。一般来说，温和的通货膨胀，由于通货膨胀率低而稳定，可以预期，名义工资和利率都可以进行相应的调整，因此，对经济没有什么不利影响。许多经济学家认为温和的通货膨胀可以使经济运行更平稳、更协调。一般所说的物价稳定也并不是指通货膨胀率为零，而是指通货膨胀率温和。

恶性的通货膨胀会使一国金融体系和整个经济崩溃，甚至引起政治动荡。

加速的通货膨胀由于通货膨胀率不断上升而无法预测，所以对经济有不利的影响。在这种情况下，工人的名义工资不变或者有上升但不及通货膨胀率上升的程度，这时实际工资减少，从而消费减少。在债权人与债务人之间，利率不变或者有上升但不及通货膨胀率上升的程度，这时债权人受损，而债务人获益，从而债权人减少或停止放贷，不利于投资。通货膨胀加速且不可预测时，人民实际收入不变而名义收入增加，但政府税收标准不能及时调整，这时，过去未到起征点的人达到了，过去交税少的现在交税多了，从而人民收入减少，消费减少。无论消费减少，还是投资减少，都会不利于经济发展。因此，稳定的物价是经济正常运行的条件，各国都在努力实现物价稳定。

第九章 经济周期与经济增长理论

第一部分 学习指导[①]

● 学习目的与要求

1. 掌握经济周期的含义、阶段特征和分类。
2. 理解不同经济周期理论的主要观点。
3. 掌握经济增长的含义与特征。
4. 理解经济增长的源泉。
5. 理解三种经济增长模型的基本公式和内涵。
6. 理解两种经济增长理论的基本观点。

● 学习方法

在掌握本章基本概念的基础上,通过归纳和比较,理解不同经济周期理论的主要观点,分析不同经济增长模型之间的异同,并结合经济现实加深对理论知识的消化和理解。

● 重点与难点

1. 经济周期的含义
2. 乘数—加速原理
3. 经济增长的源泉
4. 哈罗德—多马模型、新古典模型、新剑桥模型之间的异同

[①] 此章对应《西方经济学导论》第十章经济周期理论和第十一章经济增长理论。

- **知识框架**

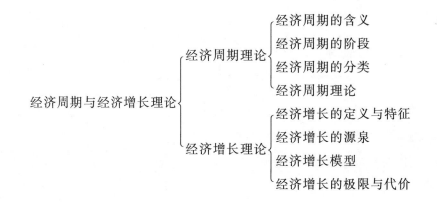

- **案例导入**

20 世纪 30、40 年代的经济波动

20 世纪 30 年代初的经济灾难被称为大萧条,而且是美国历史上最大的经济下降。美国从 1929 年到 1933 年,实际 GDP 减少了 27%,失业从 3% 增加到 25%,物价水平下降了 22%。在这一时期,其他许多国家也经历了类似的产量与物价下降。经济史学家一直在争论大萧条的原因,但大多数解释集中在总需求的大幅度减少上。

许多经济学家主要抱怨货币供给的减少:从 1929 年到 1933 年,货币供给减少了 28%。另一些经济学家提出了总需求崩溃的其他理由。例如,在这一时期股票价格下降了 90% 左右,减少了家庭财富,从而也减少了消费支出。此外,银行的问题也阻止了一些企业为投资项目进行筹资,从而压抑了投资支出。当然,在大萧条时期,所有这些因素共同发生作用紧缩了总需求。

第二个重大时期——20 世纪 40 年代初的经济繁荣——是容易解释的。它显而易见的原因是第二次世界大战。随着美国在海外进行战争,联邦政府不得不把更多资源用于军事。从 1939 年到 1944 年,政府的物品与劳务购买几乎增加了 5 倍。总需求的这种巨大扩张几乎使经济中物品与劳务的生产翻了一番,并使物价水平上升了 20%。失业从 1939 年的 17% 下降到 1944 年的 1%——美国历史上最低的失业水平。

资料来源:jwc.snut.edu.cn

案例分析:总需求的大幅减少造成了美国 20 世纪 30 年代的经济萧条,而 20 世纪

40年代的第二次世界大战期间由于军事需求的大幅增加,美国出现了经济繁荣。

为什么富国的生活水平高?

当你在世界各国旅行时,你会看到生活水平的巨大差别。在美国、日本或德国这样的富国,平均每人的收入是印度、印度尼西亚这样的穷国平均每人收入的十几倍。这种巨大的收入差异反映在生活质量的巨大差异上。富国有更多的汽车,更多的电话、电视机,更好的营养,更安全的住房,更好的医疗以及更长的预期寿命。

即使在一个国家内,生活水平也会随着时间推移而发生巨大变化。在美国,过去一个世纪以来,按人均实际GDP衡量的平均收入每年增长2%左右。虽然2%看来并不大,但这种增长率意味着平均收入每35年翻一番。由于这种增长,今天的平均收入是一个世纪以前的8倍左右。因此,普通美国人享有比他们的父母、祖父母高得多的经济繁荣。

用什么来解释这些呢?富国如何能确保自己的高生活水平呢?穷国应该采取什么政策加快经济增长,以便加入发达国家的行列呢?这些问题是宏观经济学中最重要的问题。我们应该分三步进行研究:第一,我们要考察人均实际GDP的国际数据,使我们对世界各国生活水平程度与增长的差别大小有一个大体了解。第二,我们考察生产率的作用,生产率是一个工人每小时生产的物品与劳务量。特别是,我们要说明一国的生活水平是由其工人的生产率决定的,而且,我们要考虑决定一国生产率的因素。第三,我们要考虑生产率和一国采取的经济政策之间的关系。

资料来源:jwc.snut.edu.cn

案例分析:经济增长的一个直观数据就是实际GDP数据的变化,此外劳动生产率的提高等也是重要考察指标。

● 引申阅读

我国五次经济周期的界定

经济周期是指在国民经济运行中所呈现的一起一落、扩张与收缩不断交替的波浪式运动过程。美国国民经济研究局(NBER)把经济周期定义为"古典型周期"与"增长型周期"。古典型周期是指在经济周期下降阶段,国民经济产出总量绝对下降,即出现负增长。对于我国来说,改革开放前经济周期大起大落,表现为古典型周期。如果国民经济产出总量并不绝对下降,而是经济增长速度明显减缓,则为增长型周期。改革开放后,我国经济周期的特点为波动幅度减缓,并由古典型转变为增长型。特别是改革开放后的第五轮周期,宏观经济一直维持平滑的高位运行,周期界定已经十分模糊。

(一)改革开放后我国经济周期的基本判断

现代宏观经济学中,经济周期发生在实际GDP相对于潜在GDP上升(扩张)或下降(收缩或衰退)的时候。每一个经济周期都可以分为上升和下降两个阶段。上升阶段也称为繁荣,最高点称为顶峰。然而,顶峰也是经济由盛转衰的转折点,此后经济就进入下降阶段,即衰退。衰退严重则经济进入萧条,衰退的最低点称为谷底。当然,谷底也是经济由衰转盛的一个转折点,此后经济进入上升阶段。经济从一个顶峰到另一个顶峰,或者从一个谷底到另一个谷底,就是一轮完整的经济周期。

从图9-1看,我国自改革开放以来已经历了五轮明显的经济周期,时长为4—10年。1978—1999年的前四轮经济周期经济增长曲线变化明显,跌宕起伏清晰。进入第五轮经济周期区间后,该区间由于宏观经济政策的作用,经济增长曲线相对平稳,但周期自身的阶段性特点依然存在。

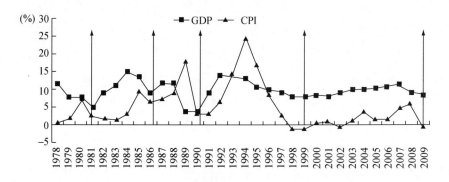

图9-1　1978—2009年的GDP和CPI曲线

第一轮经济周期是1977—1981年,周期时间为五年。需要说明的是改革开放前最后一轮周期结束在1976年,那一年我国GDP增长指数达到谷底,经济增长为-1.6%,为一轮周期的完整性体现。我们把改革开放后第一轮经济周期扩展到1977年,那一年的经济增长开始复苏,上涨了7.6%。第一轮经济周期增长最快的年份是1978年,达到11.7%,经济周期的波幅为5%,最高通货膨胀率为6.5%。第二轮经济周期是1982—1986年,这轮周期持续了五年时间,最高通货膨胀率为8.8%,年度经济增长最快达15.2%,周期波幅为6.4%。第三轮经济周期是1987—1990年,周期时间为四年,最高通货膨胀率为17.9%,该周期经济增长最快为11.6%,周期波幅为7.8%。1991—1999年为第四轮经济周期,该周期通货膨胀率创纪录地达到24.1%,经济增长也高达14.2%,周期波幅为6.6%。

(二) 我国第五轮经济周期的界定

进入 21 世纪后,我国也进入了第五轮经济周期。图 9-2 是总结 1999 年第一季度到 2009 年第四季度共 11 年 44 个季度我国 GDP 增长的曲线图,在这个曲线图上我们可以比较完整地看到第五轮经济周期的经济增长变化,并用经济周期理论的四阶段法来诠释该轮周期的全貌。

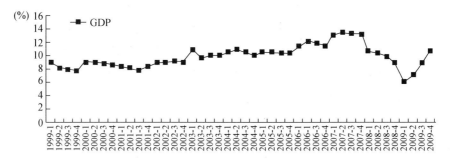

图 9-2 1999—2009 年季度 GDP 增长曲线

(1) 1999 年是第四次经济周期的终结。1999 年 GDP 增长 7.6%,1998 年的亚洲金融风暴把我国经济拖入了深水区,由于我国保持人民币币值稳定,1998 年出口出现负增长,到 1999 年尽管部分经历亚洲金融危机的国家和地区经济逐步复苏,我国外贸出口也转降为升,但由于国内需求仍然十分低迷,因此 1999 年第四季度经济增长跌破 8%,创造了近十年来单季最低增长速度。尽管经济增长困难重重,但复苏的迹象已经开始显现,国家宏观调控力度也进一步加大,图 9-2 中 1999 年第四季度呈现一处拐点,拐点后 2000 年国家经济开始复苏。

(2) 2000—2001 年我国经济进入"复苏"调整阶段。这两年间是经济增长的积累期,这不仅包括国内需求的积累,也是信心的积累。国家坚定不移地实施积极的财政政策,2001 年国债余额已接近警戒线水平,在国家宏观调控的推动下,2001 年第四季度经济已经稳定反弹,供给过剩的状况已有所好转。

(3) 2002 年第一季度到 2007 年第四季度是本轮经济周期的"扩张"阶段。2007 年第四季度成为本轮经济周期出现的第一个顶峰拐点,经济达到增长的顶峰。这期间我国实现了平稳的、长达六年的经济扩张,是我国第五轮经济周期最好的阶段,属于经济的上行区间。经济增长幅度从 2002 年第一季度的 8.9% 到 2007 年第二季度的 13.4%,增长速度不断加快直到顶峰。同时物价水平也不断攀升,CPI 从 2002 年的 −0.8% 上扬到 2007 年的 4.8%,2007 年 11 月 CPI 一度上涨到 6.9%,创造了五年内的单月最高涨幅,通货膨胀压力有所上升。国家及时调整宏观调控政策,从 2003 年开始将积极稳健的财政、货币政策调整为"双稳健"的财政货币政策,适度收缩了银根和政府投资。这样做的效果明显,六年间我国始终保持着温和的通货膨胀率,没有出现由于经济过热导致的恶性通货膨胀。而相对温和的通胀对经济的持续增长是有益的。因此本轮周期出现长达六年的扩张期,这期间政府"反周期"政策运用功不可没。

2007年第四季度是本轮周期顶峰,经济增长达到了13%,这个顶峰同时也是拐点,2007年第四季度后经济开始下滑。而形成这个拐点主要有两方面的原因:一方面由于世界金融危机蔓延导致外需突然减少;另一方面则由于五年来国家为有效控制通货膨胀一直采取相对紧缩的财政货币政策,尤其是货币政策,导致国内需求不足,加之2008年年初国家对金融危机的危害性估计不足,宏观调控没有及时调整,紧缩政策使得国内需求雪上加霜。内需外需同时作用导致2008年我国经济开始下滑,经济下滑的同时由于国际能源价格的原因,国内通货膨胀却进一步加剧,2008年我国CPI水平达到了5.9%,创造了十年来的最高水平。因此反观2008年,中国经济的确出现了一定程度的"滞胀"现象。

(4)顶峰拐点过后,2008年我国经济增长进入"紧缩"阶段。一年的紧缩后,2009年第一季度经济进一步进入"危机"阶段跌入谷底,本轮周期又出现了第二个拐点。2007年第四季度我国经济达到顶峰,随后经济增长速度放缓。2008年全年尽管增长9%,但与2007年相比仍然减少了2.7个百分点。从季度数据来看,2008年GDP的增幅逐季递减,第一季度GDP增长10.6%,第二季度10.4%,第三季度9.9%,第四季度9%。到了2009年第一季度GDP增长仅为6.1%,而这个季度可称为"危机"阶段,这个季度创造了近二十年来的单季最低增长纪录,中国经济掉入谷底。从图9-2上看这个拐点非常明显,2009年第一季度我国经济见底后,第二季度经济开始快速反弹,而且反弹之势迅猛,经济增长了7.1%,第三季度上涨8.9%,第四季度竟高达10.7%。出现这个拐点的主要原因同样是国家强有力的宏观调控政策。

通过对图9-2进行的以上分析我们可以清晰地看到,我国第五轮经济周期在历经2000—2001年两年的复苏期后进入长达六年的扩张期,这六年时间经济增长平均达10.3%,2007年年末经济开始下滑,进入本轮周期的下行区间。这个紧缩期持续了一年多时间,到2009年年初跌入谷底,但很快在国家强大的"反周期"经济政策作用下,2009年第二季度经济就走出谷底强劲反弹,而且这种反弹之势在2010年还将持续。因此可以得出第五轮经济周期在2009年已经终结的基本结论。

(三)新周期的"反周期"宏观调控政策取向

一是我国第五轮经济周期的拐点在2009年已经出现,2010年是第六轮经济周期的元年;二是我国经济在2010年已经进入经济增长的上行区间,控制通货膨胀应是宏观调控政策的主要取向。

为保持经济持续健康稳定地增长,第六轮经济周期政府应做好两方面的工作。

第一,在总结第五轮经济周期运行特点的基础上,不断深化改革,提高经济增长的市场内生动力。经济增长的动力一方面是内生的,随着市场化程度的提高,市场力量会不断增强,市场是经济增长的内在力量和源泉;另一方面是外生的,政策作为一种外在力量对经济增长产生影响,影响经济周期的形态或导致周期的变形。第五轮经济周期之所以时间长、扩张持续强,一个很重要的原因就是由于市场内生动力被激活,为经济增长提供了源源不断的动力。因此强化市场力量,就是要进一步推进改革,提高我国经济的市场化程度。尽管历经30多年的改革,我国经济的市场化程度已显著提高,但还是存在一些严重问题,主要是各个领域和各地区之间的市场化程度严重不平衡。同时,制约我国经济增长和发展的一些深层次矛盾和问题没有从根本上得到解决,一些重要领域的改革仍然严重滞后。例如农村体制改革、财税体制改革、社会保障体制改革等,只有随着这些改革进程的不断深入,经济增长的市场内生动力才可能进一步激发。同时政府干预经济的一些行政手段也应逐步减少甚至退出,进而改革政府干预经济所采取的一些非常规的政策、手段和方法,为培育市场内生动力创造条件。

第二,审时度势,科学判断我国宏观经济的变化,及时调整"反周期"宏观政策取向。基于第五轮经济周期拐点已经出现,宏观经济已进入上行区间这一基本事实,在未来一段时间要将"保增长"的单极目标逐渐变为"保增长、调结构和控通胀"等多重目标,将财政货币等"反周期"宏观政策从"积极稳健"向"双稳健"转变,有效控制各级政府固定资产的投资节奏,保持经济平稳。宏观调控的重点是总需求,2009年国家4万亿政府投资砸下后社会投资需求已激活,甚至有过热迹象,因此2010年后宏观调控的需求管理应该以调整收入分配政策、培育和扩大消费需求为重点。

资料来源:张杰,《西方经济学》,南开大学出版社,2011年4月。

中国体制改革对经济增长的影响

(一)制度创新对经济增长的作用

以1978年党的十一届三中全会为标志,开始进行的中国经济体制改革取得了举世瞩目的成就,并对中国经济增长产生了具有深远历史意义的影响,主要体现在农村实施的家庭联产承包责任制改革和企业改制重组、建立现代企业制度等一系列改革之中。

从农村改革方面来看,由家庭联产承包责任制的逐步建立和完善,彻底取代传统的"三级所有制为基础"的集中统一管理的体制,给农民自主经营权利,极大地激发了广大农民的创造性和生产积极性,纠正了过去盲目追求超越生产力水平的生产体制,使生产关系适应现阶段农村生产力发展水平,解放了农业生产力。连续几年我国农业生产出现快速增长,农业收入持续提高,农业人均纯收入、年均增长率均达到历史较高水平。农村体制改革的深入展开,不仅提高了农业生产力,巩固了农业在国民经济中的基础地位,而且有力地支持了城市经济体制改革的顺利展开。

从以国有企业改革为主的经济体制改革来看,二十多年来,国有企业改革一直是我国经济体制改革的中心环节。计划经济体制下的传统国有企业具有多重身份:是一个生产单位,也是一个行政单位,又是一个社区单位。政企不分是传统国有企业制度的根本弊端,传统国有企业的种种问题都是由政企不分产生出来的。因此,国有企业改革也就是将政企不分作为改革对象,将政企分开作为改革目标。经过扩权让利、全面推行承包经营责任制、转换企业经营机制与建立现代企业制度及综合改革四个阶段的探索,确立了建立现代企业制度的改革方向,使我国国有企业管理体制发生了深刻变化,尽管在现实经济生活中,国有企业改革仍然存在许多难点问题有待通过深化改革来解决,但是以国有企业为中心的经济体制改革,对我国经济增长的影响是巨大的。改革开放以来,我国经济总量年均保持在8%—9%的增长速度,就是最好的证明。

(二)正确评价政府在经济增长中的作用

政府与市场怎样实现良性互动,政府在推动经济增长中应发挥什么作用?这是一个在理论上有争论、在发展实践中经常难以处理好的复杂问题,在20世纪下半叶更经历了肯定—否定—再肯定的曲折过程。因此,正确评价和有效发挥政府的作用,也是顺利推动经济增长的重要因素之一。

一般认为,政府和市场在经济发展的不同阶段和不同时期的作用各有侧重。在市场经济条件下,为了避免市场的盲目性,政府需要补充市场、规范市场、稳定市场,对经济运行进行积极和恰当的干预。总之,政府既需要培育市场,维护市场秩序,促使市场保持经济运作的效率,推动市场更为顺利和更为健康地运作,又需要在促进社会公平方面发挥更加积极的作用。

关于政府作用同经济增长的关系,世界银行在1997年的《世界发展报告》中曾作过很有启发意义的分析。报告以政府信誉指数作为标准,把全球100多个国家的政府作用按信誉指数分为高、中、低三个类别,并分析它们同经济增长中两个重要指标(投资率、人均GDP增长率)之间的相互关系。结果表明,政府信誉指数越低,投资率也越低,人均GDP增长也越低(甚至出现负增长);政府信誉指数处于中等水平的,投资率也呈中间状态,人均GDP增长也是中间水平。可见政府信誉的高低,即政府宏观调控能力的强弱,对经济增长具有重要影响。

中国作为一个市场经济转型国家,应该认真研究在经济发展的不同阶段,政府应该如何恰当地发挥作用,使政府成为推动经济发展的有利因素之一。即使在市场经济最发达的美国,政府在保持宏观经济稳定方面,在支持教育和培训方面,在促进出口方面,也仍然发挥了良好的积极作用。政府在经济中主导作用大的一些国家,经济同样不仅在量上持续增长,而且国际竞争能力和经济质量也在全球处于领先地位。因此,关键是每个国家应根据自己的国情和发展阶段,恰当地发挥政府在经济增长中的积极作用。

资料来源:编者整理。

第二部分　练习与思考

一、填空题

1. 每一个经济周期都要经历_____、_____、_____、_____四个阶段。
2. 经济周期根据其时间的长短,可以分为_____、_____、_____。
3. 中周期又称_____周期,它是一种为期_____的经济周期。
4. 短周期又称_____周期,它是一种为期_____的经济周期。
5. 长周期又称_____周期,它是一种为期_____的经济周期。
6. 凯恩斯主义经济周期理论是以_____分析为中心。
7. 哈罗德模型认为,长期中实现经济稳定增长的条件是_____、_____与_____相一致。
8. 根据哈罗德模型的解释,当实际增长率大于有保证的增长率时,会引起_____;相反,当实际增长率小于有保证的增长率时,会引起_____。当有保证的增长率大于自然增长率时,将会出现_____;反之,当有保证的增长率小于自然增长率时,将会出现_____。
9. 新增长理论强调_____在经济增长中的关键作用。

二、选择题

1. 经济周期的中心是:(　　)
   A. 价格的波动　　　　B. 利率的波动　　　　C. 国民收入的波动

2. 经济周期中的两个主要阶段是:(　　)
   A. 繁荣和萧条　　　　B. 萧条和复苏　　　　C. 繁荣和衰退
3. 经济周期中繁荣阶段的基本特征是:(　　)
   A. 国民收入与经济活动高于正常水平
   B. 国民收入与经济活动等于正常水平
   C. 国民收入与经济活动低于正常水平
4. 顶峰是:(　　)
   A. 繁荣阶段过渡到衰退阶段的转折点
   B. 繁荣阶段过渡到萧条阶段的转折点
   C. 萧条阶段过渡到复苏阶段的转折点
5. 中周期的每一个周期为:(　　)
   A. 8—9 年　　　　B. 9—10 年　　　　C. 10—11 年
6. 50—60 年一次的周期称为:(　　)
   A. 朱格拉周期　　　B. 基钦周期　　　C. 康德拉季耶夫周期
7. 美国经济学家库兹涅茨提出的为期 15—25 年的经济周期是一种:(　　)
   A. 短周期　　　　B. 中周期　　　　C. 长周期
8. 下面属于加速原理基本含义的是:(　　)
   A. 投资是产量的函数
   B. 投资的变动小于产量的变动
   C. 要使投资增长率不变,就必须维持一定的产量增长率
9. 当国民收入在乘数和加速数的作用下趋于增加的时候,它的增长将因下述因素的限制而放慢:(　　)
   A. 失业的存在　　　B. 资源充分利用　　　C. 边际消费倾向提高
10. 在经济增长中起着最大作用的因素是(　　)
    A. 资本　　　　B. 劳动　　　　C. 技术进步
11. 假定资本量为 100 万,所生产的产量为 50 万,则资本—产量比率为:(　　)
    A. 2　　　　B. 1/2　　　　C. 5
12. 根据哈罗德模型,当资本—产量比率为 4,储蓄率为 20% 时,则经济增长率为:(　　)
    A. 5%　　　　B. 80%　　　　C. 20%
13. 根据哈罗德模型,当有保证的增长率大于实际增长率时,经济中将出现:(　　)
    A. 均衡增长　　　B. 累积性扩张　　　C. 累积性收缩

14. 在实际的资本—产量比率大于合意的资本—产量比率时,资本家的反应是:( )

    A. 增加投资   B. 减少投资   C. 保持原投资水平

15. 认为资本—产量比率可以改变的经济增长模型是:( )

    A. 哈罗德—多马经济增长模型

    B. 新剑桥经济增长模型

    C. 新古典经济增长模型

16. 强调经济增长会加剧收入分配不平等的经济增长模型是:( )

    A. 哈罗德—多马经济增长模型

    B. 新剑桥经济增长模型

    C. 新古典经济增长模型

三、判断题

1. 经济周期的中心是国民收入的波动。

2. 经济周期是经济中不可避免的波动。

3. 在经济周期的四个阶段中,经济活动高于正常水平的是繁荣和衰退,经济活动低于正常水平的是萧条和复苏。

4. 繁荣的最高点是顶峰。

5. 经济学家划分经济周期的标准是危机的严重程度。

6. 库兹涅茨周期是一种长周期。

7. 以总需求分析为中心是凯恩斯主义经济周期理论的特征。

8. 经济增长的最简单定义就是国内生产总值的增加和社会福利及个人福利的增加。

9. 经济增长的充分条件是技术进步。

10. 经济增长和经济发展所研究的是同样的问题。

11. 只要有技术进步,经济就可以实现持续增长。

12. 哈罗德模型和多马模型是基本相似的。

13. 哈罗德—多马模型认为资本—产量比率是可变的。

14. 在哈罗德模型中,实际增长率、有保证的增长率和自然增长率总是一致的。

15. 哈罗德模型认为,如果有保证的增长率大于实际增长率,经济将会出现高涨。

四、计算题

设实际储蓄率为 0.4,实际资本—产量比率为 3,合意储蓄率为 0.5,合意的资本—产量比率为 4,自然增长率为 8%。

（1）计算实际增长率、有保证的增长率、最适宜的储蓄率。

（2）在以上的假设下,短期中经济中会出现累积性扩张、累积性收缩还是稳定增长？长期中是长期停滞、长期繁荣还是稳定增长？

五、问答题

1. 经济周期分为哪几个阶段？各个阶段的基本特征是什么？
2. 经济周期是如何分类的？
3. 什么是经济增长？库兹涅茨给经济增长所下的定义有什么含义？
4. 经济增长有哪些基本特征？
5. 哈罗德模型的基本假设和公式是什么？它是如何解释经济中短期波动和长期增长的？

习题参考答案

一、填空题

1. 繁荣；衰退；萧条；复苏
2. 中周期；短周期；长周期
3. 朱格拉；9—10 年
4. 基钦；40 个月（3—4 年）
5. 康德拉季耶夫；50—60 年
6. 心理理论
7. 收入增长率；有保证的增长率；自然增长率

8. 累积性的经济扩张;累积性的经济收缩;长期停滞趋势;长期繁荣趋势
9. 技术进步

二、选择题

1—5 CAAAB;6—10 CCABC;11—15 AACBA;16 B

三、判断题

1—5 √√√√× ;6—10 √×××;11—15 ×√√××

四、计算题

（1）实际增长率:13.3%;有保证的增长率:12.5%;最适宜的储蓄率:32%。
（2）由于实际增长率＞有保证的增长率,短期中会出现累积性扩张。
由于有保证的增长率＞自然增长率,会出现长期停滞。

五、问答题

1. 一般把经济周期分为繁荣、衰退、萧条、复苏四个阶段。其中,繁荣与萧条是两个主要阶段,衰退与复苏是两个过渡性阶段。

繁荣,即经济活动的扩张或向上的阶段。这是国民收入与经济活动高于正常水平的一个阶段。其特征为生产迅速增加,投资增加,信用扩张,价格水平上升,就业增加,公众对未来乐观。

衰退,即由繁荣转为萧条的过渡阶段;这是国民收入与经济活动低于正常水平的一个阶段。其特征为生产急剧减少,投资减少,信用紧缩,价格水平下跌,失业严重,公众对未来悲观。

萧条,即经济活动的收缩或向下的阶段。这是从繁荣到萧条的过渡时期,这时经济开始从顶峰下降,但仍未低于正常水平。

复苏,即由萧条转为繁荣的过渡阶段。这是从萧条到繁荣的过渡时期,这时经济开始从谷底回升,但仍未达到正常水平。

2. 西方经济学家根据经济周期的时间长短,把经济周期分为中周期、短周期与长周期,主要包括朱格拉周期(9—10年,属于中周期)、基钦周期(3—4年或40个月,属于短周期)、康德拉季耶夫周期(50—60年,属于长周期)。

3. 经济增长最简单的定义是一国生产的商品和劳务总量的增加,即国内生产总值(GDP)的增加。如果考虑到人口的增加及价格变动的情况,经济增长的标准应该是实际人均国内生产总值的增加。库兹涅茨给经济增长下了这样一个定义:"一个国家的经济增长,可以定义为给居民提供种类日益繁多的经济产品的能力长期上升,这种不断增长的能力是建立在先进技术以及所需要的制度和思想意识之相应调整的基础上的。"库兹涅茨认为,这个定义的三个组成部分都是重要的,提供产品的能力长期上升是结果,技术是实现这一结果的必要条件,而制度与意识的调整是技术得以发挥的充分条件。先进的技术为经济增长提供了可能,而使得这种可能变为现实的则是社会制度与结构的调整。

4. 库兹涅茨总结了经济增长的六个特征:第一,按人口计算的产量的高增长率和人口的高增长率;第二,生产率本身增长的程度也是高的;第三,经济结构的变革速度是高的,例如迅速由农业转向非农业、由工业转向服务业等;第四,社会结构与意识形态的迅速改变;第五,增长在世界范围内的迅速扩大;第六,世界增长的情况是不平衡的。这六个特征中前两个是增长的数量特征,是从统计资料的研究中得出的;中间两个是增长中经济结构与社会制度的变化;后两个是增长在国际上的扩散问题。

5. 哈罗德模型假设生产中只用资本与劳动两种生产要素,且配合比率不变;技术不变,即不考虑技术进步对经济增长的影响。

哈罗德模型的公式是:$g = s/c$。其中,g代表国民收入增长率,即经济增长率;s代表储蓄率,即储蓄量在国民收入中所占的比例;c代表资本—产量比率,即生产一单位产量所需要的资本量。

哈罗德模型认为,长期中实现经济稳定增长的条件是实际增长率、有保证的增长率与自然增长率相一致。如果这三种增长率不一致,则会引起经济中的波动。

在短期中,实际增长率与有保证的增长率的背离会引起经济波动。当实际增长率大于有保证的增长率时,会引起累积性的扩张,因为这时实际的资本—产量比率小于合意的资本—产量比率,资本家会增加投资,使这两者一致,从而就刺激了经济的扩张;反之,当实际增长率小于有保证的增长率时,会引起累积性的收缩,因为这时实际的资本—产量比率大于合意的资本—产量比率,资本家会减少投资,使这两者一致,从而就引起了经济收缩。

在长期中,有保证的增长率与自然增长率的背离也会引起经济波动。当有保证的增长率大于自然增长率时,由于有保证的增长率超过了人口增长和技术进步所允许的程度,将会出现长期停滞;反之,当有保证的增长率小于自然增长率时,由于有保证的增长率不会达到人口增长和技术进步所允许的程度,将会出现长期繁荣。

第十章 宏观经济政策

第一部分　学 习 指 导[①]

● 学习目的与要求

1. 理解宏观经济政策的四大目标及其内在关系。
2. 掌握财政政策的工具及其运用,理解内在稳定器和赤字财政的含义。
3. 掌握货币政策的基本知识,理解银行创造货币的机制。
4. 掌握凯恩斯主义货币政策的机制、政策工具及其运用,理解货币主义的货币政策。
5. 理解供给管理政策的基本内容,理解宏观经济政策的作用及最新动向。

● 学习方法

本章内容可看成是对前面理论知识在实践中的应用,可分别从政策目标、政策工具、政策工具的运用、政策主张这四个角度来把握本章的关键知识点,并结合我国的政策实践来理解宏观经济政策对经济产生的作用。

● 重点与难点

1. 宏观经济政策目标
2. 凯恩斯主义的货币政策工具及其运用
3. 不同学派的政策主张
4. 宏观经济政策的作用

[①] 此章对应《西方经济学导论》第十二章宏观经济政策。

- 知识框架

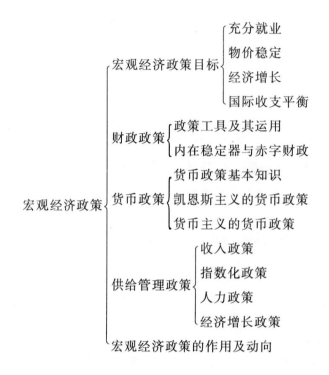

- 案例导入

美国货币政策走向仍不明朗

美国经济复苏已进入第六个年头,在近期增长动能加强的情况下,美国货币政策走到了一个新的十字路口。

美联储内部对于"退出战略"和货币政策正常化的讨论继续升温,但未达成共识。美联储主席耶伦重申,何时加息取决于经济数据。此间经济学家认为,由于未来经济数据如何发展尚难预料,特别是劳动力市场迷雾重重,美联储的政策走向存在不确定性。如果美国强劲的经济增长引发美国就业市场更大改善和物价水平的回升,那么美联储将被迫提早加息。

在刚刚结束的年度经济研讨会上,耶伦做了关于劳动力市场动态和货币政策的演讲。虽然美国失业率已经以超出预期的速度更快下降,但这并没有改变她一贯的观点,即认为劳动力市场仍"显著不景气"。在耶伦看来,失业率可能夸大了美国劳动力市场的健康状况,劳动力资源利用率显著不足,存在"两高三低",即失业率仍高于充分就业水平;就业者中打零工的比例太高;劳动参与率,也就是劳动年龄人口中有工作或积极寻找工作的比例太低;职场跳槽率太低;工资增长率低。"经济衰退结束五年之际,劳动力市场仍未完全恢复。"耶伦表示。

经济学家认为,美国经济看起来增长势头越来越强,对世界其他国家和地区来说,这是好消息。但从货币政策角度看,经济好转加大了美联储提早加息的可能性,美国货币政策前景对全球是一个挑战。

美联储有两大法定的使命,一是维持物价稳定,二是促进充分就业。因此,判断其货币政策走向,只能从美国物价指数和失业率的变化来寻找根据。

美国经济咨询机构埃士信环球透视公司经济学家保罗·埃德尔斯坦表示,美联储内部无论在对劳动力市场还是对通货膨胀的判断上,都没有达成共识。最新一次货币政策会议后,美联储重申,在量化宽松政策结束后的"相当长时间内"不会加息。一些决策者对这一利率政策的"前瞻指引"不满意。埃德尔斯坦说,在非常规货币政策实施数年后,美联储内部的分歧愈发明显。

美联储货币政策的正常化,包含至少两大疑问:一是美联储何时加息,回归利率政策的正常化;二是美联储将如何处理其庞大的资产负债表。过去五年多来,由于量化宽松政策的实施,美联储持有的资产规模从8 000多亿美元扩大到了约4.3万亿美元。是继续持有这些资产,直到它们到期,还是进行减持,将它们卖回市场?美联储的资产负债表规模是否会回归到量化宽松政策实施前的水平?无论美联储采取何种操作,都将对金融市场带来重大影响。

资料来源:节选自 吴成良,《人民日报》,2014年8月26日。

案例分析:美国实行量化宽松的货币政策,是美联储基于对当时美国经济的综合判断做出的。从实际效果来看,这种货币政策确实起到了稳定市场、刺激实体经济的作用,并且还未引起美国国内的高通货膨胀率。但是这种货币政策也造成了美国庞大的债务,其利率何时回归正常水平必然对世界各国产生重大影响。

● 引申阅读

正确理解积极的财政政策

经济下行压力凸显,为实现稳增长,积极财政政策作为重要的政策手段被寄予厚望。而近期却有不同的声音,有说"偏紧的财政政策对货币政策起到掣肘作用",也有说"成品油消费税连续调增与积极财政政策相违背"等。

先看"偏紧的财政政策对货币政策起到掣肘作用",这一观点主要是认为财政政策"偏紧"影响了货币政策效应的释放。在财政部财科所副所长白景明看来,判断偏紧与否的主要指标之一是赤字率。今年财政赤字率由去年的2.1%上升为2.3%,支出规模进一步扩大,说明"偏紧"的观点本身就站不住脚。同时,不能只根据花钱多少来衡量积极财政政策,还要统筹考虑收入放缓的情况下,如何偿还历史债务、当下如何"还财于民"进行定向刺激等。

再来看"成品油消费税连续调增与积极财政政策相违背",这一观点主要是认为增税抑制了经济活力。事实上,积极财政政策要加大减税降费的力度,但同时必须综合考虑国家的财政运转和承受力,通过"有增有减"保持税收稳定。同时,在经济结构调整当中,税收是重要的调控工具,发挥着调节资源分配的"杠杆"作用。比如,可适度增加资源税负从而提高初级产品价格,并在向中、下游产品传导过程中优化结构,通过"挤出"过剩产能,促进转变发展方式。

如此看来,这些观点有失全面、客观,体现了社会对已实施的积极财政政策的不了解,以及对未来实施效果的疑惑。那么,应该如何准确看待积极的财政政策?作为一种扩张性的宏观调控操作,积极财政政策主要通过扩大赤字、减税和增加支出来刺激社会总需求。业内普遍认为,判断其是否"积极",把握好三点即可。

第一,看是否扩大赤字。2012年8 500亿元、2013年1.2万亿元、2014年1.35万亿元,2015年增至1.62万亿元,正是这些逐年适当增加的财政赤字,保证了必要的财政支出。第二,看是否有效减税。2014年仅"营改增"一项改革减税1 918亿元,降低全年税收增长率约1.7个百分点。此外,还实行了小型微利企业所得税优惠政策、固定资产折旧税收优惠等。第三,看增加支出情况如何。就数字上来看,全国公共财政支出2012年约12.6万亿元、2013年约13.9万亿元、2014年约15万亿元、2015年约17万亿元。

但也需要深刻认识到,在经济结构调整进入关键期、全面深化改革各项任务启动的当下,积极财政政策同时"肩扛"稳增长和调结构的双重任务,注定了不再是简单的增支、减税,还要与其他深层次改革相联系,需要更加务实、更加审慎。

首先,要坚持做好结构性减税这篇文章。其中,包括稳步推进"营改增"、小微企业减免税政策优惠,以及完善出口退税负担机制等。需要注意的是,应从总量上控制好税负,避免出现"按下葫芦浮起瓢"的情况。同时,还应该结合结构调整目标,有针对性地进行税收调整。

其次,还应该在"增支"上下功夫。根据国际货币基金组织的研究,每增加1%的财政支出,并平均用于教育、健康和养老,将使消费占国民收入的比重提高1.2%。显而易见,通过扩大支出能有效拉动消费,从而有助于改变我国高投资、低消费造成的需求不足、增长乏力的局面。问题的关键,不仅在于增加支出的量,还在于提高支出的效率。

此外,积极的财政政策需与稳健的货币政策做好配合。有专家分析指出,经济疲弱与企业等市场主体的信贷需求不足有关,因而,可通过降息、降准保障市场流动性。但刺激企业信贷需求还需要积极财政政策的拉动,与此同时,需要货币政策以相对保守的姿态进行配合,这样能有效防止出现"双松"政策带来的通货膨胀压力。

资料来源:崔文苑,"正确理解积极的财政政策 主要把握三个着力点",《经济日报》,2015年4月13日。

2015:积极的财政政策更加积极

近年来,受全球经济持续低迷的影响以及国内经济结构调整战略的实施,我国经济增长呈现出明显放缓的态势,步入了一个中高速增长的"新常态"。在实际经济增长率由2010年的10.3%下降到2014年的7.4%,特别是2015年面临较大的经济下行压力、经济运行变得更加复杂的情况下,要保持国内生产总值增长7%左右,积极的财政政策如何更有效地发挥作用成为社会各界关注的焦点之一。在此背景下,政府工作报告明确提出,"积极的财政政策要加力增效",实现"既扩大市场需求,又增加有效供给,努力做到结构调优而不失速"的目标。

财政赤字率是衡量积极的财政政策扩张力度的一个重要指标。自2010年以来,我国一直在采取适度扩张的财政政策——赤字率在2012年为1.5%,2013年和2014年均保持在2.1%,2015年赤字率将进一步提高到2.3%。当然,现实赤字率由于包含了经济波动的影响,并不能非常准确地反映出财政政策的扩张力度,而结构性赤字率——剔除了经济周期影响的赤字率是更为科学的反映财政政策态势的指标。根据测算,自2010年以来,我国结构性赤字率也一直保持着不断提高的趋势:结构性赤字率由2010年的1.27%持续提高到2014年的2.03%,2015年预计将达到2.24%。由此可见,积极财政政策的扩张力度相对较大,而且体现出渐进增强的特点。

2015年积极财政政策的扩张性不仅体现在赤字率特别是结构性赤字率的提高上,而且体现在支出强度的进一步加大上。根据2015年财政预算报告和财政部新闻发言人公布的预算信息,在支出安排中,还额外安排了符合新《预算法》规定的、不计入赤字的两项支出:一是中央财政动用以前年度结转资金1 124亿元,以扩大支出规模;二是增加安排地方政府专项债券1 000亿元并纳入地方政府性基金预算管理,主要用于有一定收益的公益性项目建设支出。

此外,在我国地方政府承担较多支出责任又是经济增长重要推手的情况下,加大地方支出力度或减轻地方支出压力,无疑是增强积极财政政策支出强度、稳定经济增长的有效途径之一。2015 年,伴随着新《预算法》的实施和预算方法的变化,地方政府可以腾出更多的债务资金用于其他急需支出、重点民生支出事项。比如,地方一般债务也可实行余额管理,从而使地方政府可用债务资金增加 1 714 亿元;又如,"财政部已下达地方存量债务 1 万亿元置换债券额度,允许地方把一部分到期的高成本债务转换成地方政府债券",而政府债券利率一般较低,可使地方政府一年减少利息支出 400 亿元至 500 亿元,这些节省下来的资金可用于加大其他支出。

2015 年的积极财政政策围绕"打造大众创业、万众创新"和"增加公共产品、公共服务"的双引擎发力。为了打造大众创业、万众创新,继续实行结构性减税和普遍性降费,进一步减轻企业特别是小微企业负担。为了增加公共产品和服务供给,在压缩一般性支出、严格控制"三公"经费预算的同时,2015 年安排中央基建投资 4 776 亿元,不仅比上年增加 200 亿元,而且投资结构进一步调整优化,主要用于国家重大工程、跨地区和跨流域的投资项目以及外部性强的重点项目;同时,进一步加大了政府对教育、卫生、社会保障、保障性安居工程等方面的投入。

虽然 2015 年赤字率将提高到 2.3%,但从财政赤字的国际经验、国债负担率,以及积极财政政策的作用手段、实施效果来看,我国的财政风险是可控的。尽管如此,我们也必须清醒地认识到,我国经济步入"新常态",特别是考虑到当前和未来一段较长时期内我国的主要战略任务是促进经济转型升级、实现创新型增长方式的转变,因此财政政策应保持适度的扩张性,绝不能忽视财政政策的可持续性。首先,我国政府债务特别是地方政府债务规模增长过快,财政安全存在较大的潜在风险,这决定了财政政策的扩张空间较为有限。其次,我国道路交通等基础设施业已实现了跨越式发展,大规模基础设施投资的边际收益开始递减,因此,以大规模基础设施建设为主要载体的扩张性财政政策的有效性将会大打折扣。虽然今后一段时期政府在基础设施、公用事业等领域尚需保持一定规模的投资,但政府不应唱"独角戏",而应积极推广政府和社会资本合作模式,否则,积极的财政政策虽"加力"了,但无法"增效",财政风险也会加重。

资料来源:郭庆旺,《经济日报》,2015 年 3 月 13 日。

第二部分 练习与思考

一、填空题

1. 宏观经济政策的目标包括_____、_____、_____、_____。
2. 当总需求小于总供给时,政府应采用_____财政政策。
3. 扩张性财政政策包括_____、_____,紧缩性财政政策包括_____、_____。
4. 补偿性财政政策是指在经济萧条时增加_____,减少_____,而在经济繁荣时减少_____,增加_____。
5. 某银行吸收存款500万元,按规定应留100万元作为准备金,这时的法定准备金率为_____。
6. 凯恩斯主义货币政策的传导机制是_____。
7. 根据凯恩斯主义的解释,货币量增加,债券价格_____,利率_____,投资_____,从而总需求_____。
8. 凯恩斯主义货币政策的工具主要是_____、_____和_____。
9. 在经济萧条时期,应该采用_____货币政策;在经济繁荣时期,应该采用_____货币政策。

二、选择题

1. 当经济中存在失业时,应该采取的财政政策措施是:(　　)
 A. 增加政府支出　　　B. 减少政府支出　　　C. 提高个人所得税
2. 属于紧缩性财政政策的是:(　　)
 A. 减少政府支出和减少税收
 B. 减少政府支出和增加税收
 C. 增加政府支出和增加税收
3. 商业银行的准备金如低于法定准备金,它们将:(　　)
 A. 发行股票以筹措资金

B. 发放贷款以增加资产

C. 出售有价证券和收回贷款

4. 商业银行向中央银行增加贴现将导致:(   )

A. 商业银行贷款的增加和货币供给量的增加

B. 商业银行贷款的减少和货币供给量的减少

C. 商业银行储备的增加和实力的增强

5. 公开市场业务是指:(   )

A. 商业银行的信贷活动

B. 中央银行增减对商业银行的贷款

C. 中央银行买卖政府债券的活动

6. 要消除严重的通货膨胀,政府可以选择:(   )

A. 提高法定储备金率   B. 降低贴现率   C. 买进政府债券

7. 在哪一种情况下,中央银行应该停止实行收缩货币供给量的政策:(   )

A. 通货膨胀严重

B. 利率已下降到较低的水平

C. 经济出现衰退的迹象

8. 收入政策的目的在于:(   )

A. 制止通货膨胀   B. 实现经济增长   C. 消灭失业

9. 在供给管理中,目的在于消除失业的政策工具是:(   )

A. 收入政策   B. 指数化政策   C. 人力政策

10. 货币学派主张政府实行下述哪个货币政策:(   )

A. 在经济萧条时期应收缩货币供给量,在通货膨胀时期应扩大货币供给量

B. 逐步降低货币供给量的增长率以不断增大它与实际国内生产总值增长率的差距

C. 稳定货币供给量的增长率,使它与实际国内生产总值的增长率大致相等

三、判断题

1. 充分就业和物价稳定是一致的,只要达到了其中一项,也就实现了另一项。

2. 不同的政策工具可以达到相同的政策目标。

3. 凯恩斯主义所重视的政策工具是需求管理。

4. 需求管理包括财政政策和货币政策。

5. 扩张性财政政策包括增加政府支出和增税。
6. 内在稳定器能够消除经济萧条和通货膨胀。
7. 内在稳定器有自发地稳定经济的作用,但其作用是有限的,并不能代替财政政策的运用。
8. 政府采用赤字财政政策发行公债时,可以直接将公债卖给公众或厂商。
9. 中央银行和商业银行都可与一般客户有借贷关系。
10. 商业银行体系所能创造出来的货币量与法定准备金率成反比。
11. 凯恩斯主义的货币政策和货币主义的货币政策是相同的,都是通过货币供给量来调节利率,通过利率来影响总需求。
12. 凯恩斯主义货币政策的目标是实现充分就业,而货币主义货币政策的目标是实现物价稳定。
13. 中央银行购买有价证券将引起货币供给量的减少。
14. 提高再贴现率和法定准备金率都可以减少货币供给量。
15. 在宏观货币政策中,改变法定储备金率是最灵活的政策。
16. 在经济萧条时期,中央银行要运用扩张性的货币政策,而在经济繁荣时期,则要运用紧缩性的货币政策。
17. 货币主义认为,货币政策应该是一项刺激总需求的政策。
18. 收入政策以控制工资增长率为中心,其目的在于制止成本推动的通货膨胀。
19. 工资指数化是按通货膨胀率来调整实际工资水平。

四、计算题

1. 假设某银行吸收存款 100 万元,按规定要留准备金 15 万元,请计算:
(1) 法定准备金率为多少?
(2) 能创造出多少货币?
(3) 如果准备金增至 25 万元,能创造出多少货币?

2. 假设债券的收益为 20 元,利率为 5%,计算此时的债券价格为多少?如果利率上升为 8%,债券价格又为多少?

五、问答题

1. 宏观经济政策的目标是什么?这些目标之间有什么矛盾?应该如何协调?

2. 什么是需求管理和供给管理？

3. 在不同的时期，应该如何运用财政政策？

4. 什么是内在稳定器？具有内在稳定器作用的财政政策有哪些？

5. 在不同时期，如何运用货币政策调节经济的失衡？

习题参考答案

一、填空题

1. 充分就业；物价稳定；经济增长；国际收支平衡

2. 扩张性

3. 增加政府支出；减税；减少政府支出；增税

4. 支出；税收；支出；税收

5. 20%

6. 货币量—利率—投资—总需求

7. 上升；下降；增加；增加

8. 法定准备金率；再贴现率；公开市场业务

9. 扩张性；紧缩性

二、选择题

1—5 ABCAC；6—10 ACACC

三、判断题

1—5 ×√√√×；6—10 ×√××√；11—15 ×√×√×；16—19 √×√×

四、计算题

1. （1）法定准备金率为 15%
   （2）能创造出约 667 万元货币
   （3）如果准备金增至 25 万元，能创造出 400 万元货币
2. 400 元；250 元

五、问答题

1. 一般经济学家都认为，宏观经济政策应该同时达到四个目标：充分就业、物价稳定、经济增长、国际收支平衡。充分就业并不是指人人都有工作，而是维持一定的失业率，这个失业率要在社会可允许的范围之内，能为社会所接受。物价稳定是指维持一个低而稳定的通货膨胀率，这种通货膨胀率能为社会所接受，对经济也不会产生不利的影响。经济增长是指达到一个适度的增长率，这种增长率要既能满足社会发展需要，又是人口增长和技术进步所能达到的。国际收支平衡则是指既无国际收支赤字又无国际收支盈余，因为国际收支赤字和盈余，都会对国内经济发展带来不利的影响。

这四种经济目标之间是存在矛盾的。充分就业与物价稳定是矛盾的，因为要实现充分就业，就必须运用扩张性财政政策和货币政策，而这些政策又会由于财政赤字的增加和货币供给量的增加而引起通货膨胀。充分就业与经济增长有一致的一面，也有矛盾的一面，这就是说，一方面，经济增长会提供更多的就业机会，有利于充分就业；另一方面，经济增长中的技术进步又会引起资本对劳动的替代，相对地缩小对劳动的需求，使部分工人，尤其是文化技术水平低的工人失业。充分就业与国际收支平衡之间也有矛盾，因为充分就业的实现引起国民收入增加，而在边际进口倾向既定的情况下，国民收入增加必然引起进口增加，从而使国际收支状况恶化。物价稳定与经济增长之间也存在矛盾，因为在经济增长过程中，通货膨胀是难以避免的。

宏观经济政策目标之间的矛盾，要求政策制定者或者确定重点政策目标，或者对这些政策目标进行协调。政策制定者在确定宏观经济政策时，既要考虑国内外各种政治因素，又要受自己对各项政策目标重要程度的理解以及社会可接受程度的制约。

2. 需求管理是通过调节总需求来达到一定政策目标的宏观经济政策工具。这也是凯恩斯主义经济学家所重视的政策工具。需求管理是要通过对总需求的调节，实现

总需求等于总供给,达到既无失业又无通货膨胀的目标。在总需求小于总供给时,经济中会由于需求不足而产生失业,这时就要运用扩张性的政策工具来刺激总需求;在总需求大于总供给时,经济中会由于需求过度而引起通货膨胀,这时就要运用紧缩性的政策工具来抑制总需求。需求管理包括财政政策与货币政策。

供给管理是要通过对总供给的调节,来达到一定的政策目标。供给即生产。在短期内,影响供给的主要因素是生产成本,特别是生产成本中的工资成本;在长期内,影响供给的主要因素是生产能力,即经济潜力的增长。因此,供给管理包括控制工资与物价的收入政策、改善劳动力市场状况的人力政策,以及促进经济增长的增长政策等。

3. 财政政策的主要内容包括政府支出与税收。

在萧条时期,国民收入小于充分就业的均衡,总需求不足,所以政府应该增加政府支出,减少税收,以便刺激总需求的扩大,消灭失业。增加政府支出包括增加公共工程的开支,增加政府购买,增加转移支付,这样一方面直接增加了总需求,另一方面又刺激了私人消费与投资,间接增加了总需求。减少政府税收(包括免税或退税)也可以扩大总需求。这是因为减少个人所得税可以使个人有更多的可支配收入,从而增加消费;减少公司所得税可以刺激公司的投资;减少间接税也会刺激消费与投资。

在繁荣时期,国民收入大于充分就业的均衡,存在过度需求,会引起通货膨胀,所以政府应该减少政府支出,增加税收,以便抑制总需求,消灭通货膨胀。减少政府支出包括减少公共工程的开支,减少政府购买,减少转移支付,这样一方面直接减少了总需求,另一方面又抑制了私人消费与投资,间接减少了总需求。增加政府税收也可以缩小总需求。这是因为增加个人所得税可以减少个人的可支配收入,从而减少消费;增加公司所得税可以减少公司的投资;增加间接税也会抑制消费与投资。

4. 由于财政政策本身的一些特点,一些财政政策具有某种自动调整经济的灵活性,这种灵活性有助于经济的稳定,对需求管理起到了自动配合的作用。这些能起自动配合作用的财政政策被称为"内在稳定器",具体包括:个人所得税、公司所得税、失业救济金、各种福利支出、农产品维持价格等。

5. 在经济低迷时,中央银行可通过在公开市场买进政府债券,降低再贴现率和法定准备金率来增加货币供给量,降低利率,从而增加总需求,刺激经济。这是扩张性货币政策。

在经济过热时,中央银行可通过在公开市场卖出政府债券,提高再贴现率和法定准备金率来减少货币供给量,提高利率,从而减少总需求,抑制经济。这是紧缩性货币政策。

第十一章 开放经济中的国民收入均衡与调节

第一部分 学习指导

● 学习目的与要求

1. 掌握对外依赖率的含义及公式。
2. 理解国际收支、汇率制度的基本内涵,掌握开放经济中的总需求与国民收入的关系。
3. 理解价格水平、汇率、利率等因素变动对国民收入均衡的影响。
4. 理解溢出效应与回波效应,区分内在均衡与外在均衡的不同情况,理解最优政策配合的含义。
5. 理解对外贸易政策、汇率政策、对外投资政策的基本内容。

● 学习方法

在掌握开放经济基本知识的基础上,对比开放经济中国民收入均衡与封闭经济中国民收入均衡的异同,理解内外均衡的内在矛盾以及如何实现最优政策配合。

● 重点与难点

1. 价格水平、汇率、利率等因素变动对国民收入均衡的影响
2. 内在均衡与外在均衡的不同情况
3. 最优政策配合

- 知识框架

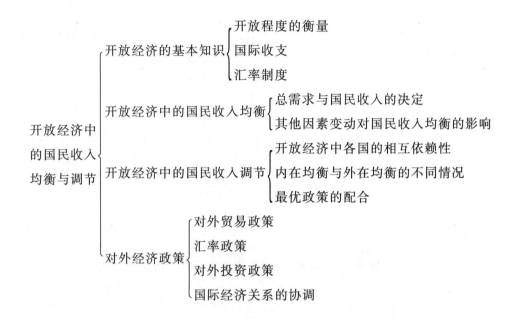

- 案例导入

我又想起了熊彼特

近几年,海内外针对中国低附加值产品出口加速增长的议论逐年上升。是褒是贬,那是舆论的事儿。任何现象,正负影响本来就是共生的,这是辩证法的道理。当然,辩证法还不能替代我们对问题的科学的解释方法与理论。没有了理论和对理论建构的努力,我们必将陷入"无知"的状态。

无论附加值大小,与十年前大不相同,今天再也没有人怀疑和否认中国出口产品的竞争力。出口贸易的超速增长显示出中国在加工和制造出口产品方面拥有了公认的国际竞争力。但细细盘算之后我们会发现,中国的出口增长主要并越来越由低附加值产品的出口增长所致。其推论自然是,中国这个几乎唯一拥有的国际竞争力还主要集中在低附加值产品的出口部门。

2005年年底,教育部把一个以中国经济国际竞争力为课题的研究平台批给了复旦大学。在挂牌仪式上,来自香港中文大学的宋恩荣教授做了一个关于中国低附加值加工贸易模式演变的精彩讲演。他分析了中国加工出口对国外技术和投资过度依赖的原因和后果。其基本结论为,就短期而言,低附加值出口模式可以促进增长和就业,但长期的效应不能确定,会有不确定性和风险。作为他的演讲的评论人,我坐在台上却一直琢磨着低附加值产品出口增长和中国经济的国际竞争力这个主题词之间的联系。我问自己的问题是,低附加值出口的增长究竟是中国的竞争力提高还是竞争力恶化的结果?

为什么这么问?因为,即使中国的出口增长超常,这些年来中国在全球竞争力国家中的排名却还是非常靠后,仍不及印度甚至一些非洲国家。一方面中国经济高速增长,出口产品极具国际竞争力;另一方面中国在增长竞争力和商业竞争力的指标上却不断恶化。这到底该怎样解释?

竞争力指数的构造基于100多项指标,主要包括宏观经济环境的各项要素、为发展提供支持的公共机构质量以及技术完备性和创新水平这三个大的方面。增长的竞争力反映一个经济所具备的实现经济增长的能力,而商业竞争力反映一个经济在投资、管理、法律和商业制度等方面的稳定、健全和吸引力。这些指标涵盖了衡量微观、宏观和制度的主要变量,的确具有可比性和综合性。可以说,这些指标诊断出了中国经济面临的基础性和技术性的问题,很值得我们关注。问题是,为什么中国在增长和商业竞争力上的表现都不能令人满意的情况下却成为世界上经济增长和出口增长最快的国家呢?

如果这些指数的确可以衡量一个国家和地区的竞争能力,它也就基本上能够反映它们的经济表现。拿俄罗斯和印度作为例子,它们各自在出口贸易增长方面的现状基本上反映了它们在世界竞争力指数中的排名,这本来是不难理解的。可无论如何中国却是一个例外。一个还缺乏足够的商业竞争力的经济,其出口产品的竞争力从何而来?答案是,出口的竞争力来自于一个我们在别的经济里极少见的"新的组合"(new combination)。"新的组合"这个概念让我想起了已故的熊彼特教授,是熊彼特教授在谈论创新和企业家精神时写出这个概念来的。他把那种能将各种现存的东西组合起来的思想与做法叫做"创新",这个概念无疑打开了人们的眼界。

注意到这个"新的组合"的存在,就有可能来揭开中国竞争力的这个谜底。中国的出口竞争力是外部力量和中国因素相组合的结果。在国际的坐标系上,中国在法制环境、企业治理、金融健康、企业家精神和政府效率等单项指标方面的分值都比较低。中国尚没有大量在国际上有竞争力的企业,也没有国际上认可的品牌,更不拥有核心的技术专利。所以,这些企业不具备竞争力,也不会出现出口的增长。以这些指标来衡量,中国对世界而言还不具备国际竞争力。但是,中国的竞争力却是来自于它对外部力量的吸引力。那些来自本土之外的产品、资本、技术、品牌、公司治理、研究和开发、营销渠道与中国本土的廉价劳动力、土地、优惠的税收政策、庞大的内部市场、超级的配套能力、分散而竞争的体制环境、开明政府的发展意志，这些中外因素的组合成为中国出口贸易部门高速扩张和经济增长的源泉。而这种"新的组合"在别处非常罕见。

见证"新的组合"的一个重要指标就是外商直接投资（FDI）。即使与出口导向的东亚经济相比，中国显然也吸纳了"太多"的外商直接投资。就加工出口而言，大多数经济，包括印度，多依赖本土企业的代工或进料加工。为什么中国的加工出口却主要依赖外商直接投资？一个已有的解释强调了初始条件的差异：在中国，除了没有效率的国有企业之外，由于政策和体制所限（注意，这是中国竞争力排名落后的重要原因），中国内地的企业根本不发达，无法像港台地区的企业那样长期活跃在国际的出口市场中。

这样的解释显然有它的道理，但却忽略了一个重要的因素，那就是日益加快的全球化进程。没有全球化的大趋势，上述理论还不足以说明为什么随着中国本土企业的成长，外商直接投资主导进料加工出口的比重趋势还在持续上升，也不能说明为什么印度政府要积极努力地加大招商引资的力度。我前两年在印度访问时就困惑为什么印度自 1991 年改革开放之后，外商直接投资的进入那么有限。2005 年 11 月在巴塞罗那的会议上我仍向印度经济学家提出了这个问题。对于这个简单的问题，这些年来我得到的答案却比较复杂。有的说，印度对外商直接投资缺乏吸引力主要是因为政府根深蒂固的官僚主义行为和长期流行的腐败造成的；也有的说是印度的法律和制度方面的原因，比如印度的《最低工资法》使外资在印度从事加工贸易变得不如在中国更有利可图；还有的认为，侨居在国外的印度人大多在大学当教授，经商的不多，不如中国的华侨多以商业活动而谋生。但不管怎样，在全球化和资本流动的背景下，现在的印度人还是最终想明白了"新的组合"对提升国际竞争力的重要性。

过去的历史显示，更多的经济体是把打造国际竞争力的努力集中在了创造力领域。在第二次世界大战后那段相当长的冷战思维模式下，那些缺乏吸引力但有创造力的经济体获得了增长和发展的成功，而那些缺乏创造力的经济体落伍了。也许美国是既有创造力又有吸引力的国家，而相比之下，日本和韩国的经济算是有创造力但缺乏吸引力的例子。在过去的 15 年，是全球化把中国和印度这两个极富魅力的经济体迅速卷入了世界经济的旋涡中，而后者仍将继续通过与外部元素实现的"新的组合"来获取不断提升的竞争力量。毕竟，在经济和资本全球化的时代，有吸引力的该是那些拥有绝对规模优势的大国经济。

资料来源：张军，"我又想起了熊彼特"，新浪微博，2006 年 11 月 21 日。

第二部分　练习与思考

一、填空题

1. 国际收支平衡表中的经常项目包括_____、_____、_____。
2. 国际收支平衡是指_____项目和_____项目的总和平衡。
3. 在不考虑官方储备项目的情况下,国际收支不平衡分_____与_____两种情况。
4. 在现行的货币制度下,汇率以两国_____为依据。
5. 汇率制度主要有两种,即_____和_____。
6. 内在均衡是指_____,外在均衡是指_____。
7. 在开放经济中,决定国内国民收入的总需求是指_____。

二、选择题

1. 衡量一国开放程度高低的标准是:(　　)
   A. 进口与国内生产总值的比率
   B. 出口与国内生产总值的比率
   C. 进出口与国内生产总值的比率
2. 属于国际收支平衡表中资本项目的是:(　　)
   A. 一国为别国提供保险的收入
   B. 一国对别国劳务出口的收入
   C. 一国在别国发行债券的收入
3. 人民币汇率升值是指:(　　)
   A. 人民币与美元的比率由 1:0.2 变为 1:0.22
   B. 人民币与美元的比率由 1:0.2 变为 1:0.18
   C. 人民币与美元的比率由 5:1 变为 6:1

4. 加元汇率贬值是指加元与美元的比率:( )

A. 由 1:2 变为 1:2.5   B. 由 1:2 变为 1:1.5   C. 由 0.5:1 变为 0.4:1

5. 清洁浮动是指:( )

A. 汇率完全由外汇市场自发地决定

B. 汇率基本由外汇市场的供求关系决定,但中央银行会加以适当调控

C. 汇率由中央银行确定

6. 内在均衡是指:( )

A. 充分就业和物价稳定的实现

B. 国际收支平衡

C. 国民收入的平衡

7. 在开放经济中决定国内国民收入水平的总需求是:( )

A. 国内总需求

B. 对国内产品的总需求

C. 国内支出

8. 开放经济中的乘数:( )

A. 大于封闭经济中的乘数

B. 等于封闭经济中的乘数

C. 小于封闭经济中的乘数

9. 在开放经济中,总需求增加将引起:( )

A. 国民收入增加,贸易收支状况改善

B. 国民收入增加,贸易收支状况恶化

C. 国民收入增加,贸易收支状况不变

三、判断题

1. 开放经济就是参与国际贸易的一种经济。

2. 经济越发达的同家,开放程度越高,因此,经济发达与否是决定一国开放程度高低的唯一因素。

3. 在国际收支平衡表上,最后借方和贷方总是平衡的。

4. 汇率贬值就是指用本国货币表示的外国货币的价格下降了。

5. 在固定汇率制下,汇率不能有任何变动。

6. 固定汇率制和浮动汇率制各有其优缺点。

7. 开放经济中的总需求和封闭经济中的总需求是完全相同的。
8. 出口增加会使国民收入增加,贸易收支状况改善。
9. 自由贸易可以实现全世界经济福利最大化,从而使各国本身的经济福利达到最大化。
10. 汇率贬值后马上可以改善贸易收支状况。

四、问答题

1. 衡量开放程度的标准是什么?决定一国开放程度的因素主要有哪些?
2. 什么是国际收支?
3. 什么是汇率?汇率有几种标价方法?
4. 什么是汇率升值和汇率贬值?
5. 什么是固定汇率制?它有何优缺点?

习题参考答案

一、填空题

1. 有形商品的进出口;无形的贸易;国际间的转移支付
2. 经常;资本
3. 盈余;赤字
4. 货币实际所代表的价值量
5. 固定汇率制;浮动汇率制
6. 充分就业和物价稳定的实现;国际收支平衡
7. 对国内产品的总需求

二、选择题

1—5 CCABA;6—9 ABCA

三、判断题

1—5 √ × × × × ;6—10 √ × √ √ ×

四、问答题

1. 世界各国的经济都是开放的,即各国之间存在着物品、劳务、人力与资本的往来,但各国的开放程度并不一样。衡量一个国家开放程度的指标是对外依赖率,又称对外依存度。它是一国的进出口总额与国内生产总值的比率,用公式可以表示为:对外依赖率 =(进口 + 出口)/GDP。

决定一国开放程度的因素是很多的,其中主要有:第一,自然资源的富裕情况。一般说来,自然资源丰富的国家开放程度低,自然资源缺乏的国家开放程度高。第二,经济发达程度。一般说来,发达国家开放程度高,不发达国家开放程度低。第三,经济结构的差异。第四,历史传统。第五,经济政策以及其他政治或文化因素。这些因素共同作用,决定了一国的开放程度。

2. 国际收支是一国在一定时期(通常是一年)内对外国的全部经济交易所引起的收支总额的对比。它是一国与其他各国之间经济交往的记录。国际收支集中反映在国际收支平衡表中,该表按复式记账原理编制。

3. 汇率又称"外汇行市"或"汇价",是一国货币单位同他国货币单位的兑换比率。它是由于国际结算中本币与外币折合兑换的需要而产生的。在现行的货币制度下,汇率以两国货币实际所代表的价值量为依据。世界上的汇率制度主要有固定汇率制与浮动汇率制两种。

4. 汇率升值是指用本国货币表示的外国货币的价格下跌了。例如,如果美元与欧元的汇率由 1 欧元兑 1.1 美元下降为 1 欧元兑 0.8 美元,则对美国来说是汇率升值,因为用美元表示的欧元价格下跌,意味着美元升值了。

汇率贬值是指用本国货币表示的外国货币的价格上升了。例如,如果美元与欧元的汇率由 1 欧元兑 1.1 美元上升为 1 欧元兑 1.2 美元,则对美国来说是汇率贬值,因为用美元表示的欧元价格上升,意味着美元贬值了。

5. 固定汇率制指一国货币同他国货币的汇率基本固定,其波动仅限于一定的幅度之内。在这种制度下,中央银行固定了汇率,并按这一水平进行外汇的买卖。中央银行必须为任何国际收支盈余或赤字按官方汇率提供外汇。当有盈余时购入外汇,当有赤字时售出外汇,以维持固定的汇率。

实行固定汇率有利于一国经济的稳定,也有利于维护国际金融体系与国际经济交往的稳定,减少国际贸易与国际投资的风险。但是,实行固定汇率要求一国的中央银行有足够的外汇或黄金储备。如果不具备这一条件,必然出现外汇黑市,黑市的汇率要远远高于官方汇率,这样反而会不利于经济发展与外汇管理。

附 录

当代西方经济学流派的概况

第一部分　学　习　指　导[①]

- 学习目的与要求

　　1. 了解划分西方经济学流派的标准。
　　2. 理解当代西方经济学的主要流派。
　　3. 理解并掌握当前西方经济学主要流派的发展趋势。

- 学习方法

　　本章是西方经济学流派的综合概括,通过了解西方经济学流派的划分标准、各自的观点,形成对当代主要西方经济学流派的初步认识。

- 重点与难点

　　1. 划分西方经济学流派的分歧
　　2. 凯恩斯主义的产生、发展与分化
　　3. 新自由主义各流派的发展
　　4. 新制度学派的发展

[①] 此章为《西方经济学导论》第十三章。

知识框架

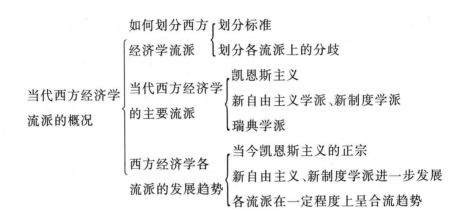

引申阅读

西方经济学发展史上的六次"革命"

西方经济学从近代以来,大约一共经历了六次大的"革命性"的事件和变化。

1. "第一次革命"——《国富论》的出版

1776年,亚当·斯密出版了《国民财富的性质和原因的研究》(即《国富论》)。在书中,斯密批判了重商主义经济思想和政策主张,力主实行经济自由主义,反对国家干预经济生活,第一次创立了比较完整的古典政治经济学理论体系。《国富论》为古典政治经济学从多方面奠定了理论基础,开辟了进一步研究的方向。正是斯密的这部巨著开创了经济学说史上一个崭新的时代。所以,亚当·斯密《国富论》的正式出版标志着西方经济学说史上的"第一次革命"。

2. "第二次革命"——"边际主义革命"

19世纪70年代初,英国经济学家威廉·斯坦利·杰文斯、瑞士经济学家莱昂·瓦尔拉斯和奥地利经济学家卡尔·门格尔,几乎同时各自独立地提出了主观效用价值论和边际分析方法,对劳动价值论和生产费用价值论提出了质疑和否定。这就是西方经济学说史上所说的"边际主义革命"。"边际主义革命"的影响一直持续到20世纪初期。英国经济学家阿尔弗雷德·马歇尔的经济学体系最终成为新古典经济学体系的代表,这也为现代微观经济学奠定了理论基础。事实上,直到20世纪30年代,新古典经济学一直居于支配地位。所以,"边际主义革命"被认为是西方经济学说史上的"第二次革命"。

3. "第三次革命"——"凯恩斯革命"

1936年英国经济学家约翰·梅纳德·凯恩斯出版了《就业、利息和货币通论》,引发了经济学说史上的"第三次革命"——"凯恩斯革命"。"凯恩斯革命"在经济学研究的理论、方法和政策三个方面,对传统的新古典经济学体系进行了变革。

理论上,凯恩斯反对代表新古典经济学传统理论观念的"萨伊定律",强调总需求对决定国民收入水平的至关重要的作用。他提出在三大心理规律(即消费倾向规律、流动性偏好规律和资本边际效率规律)的作用下,有效需求不足将导致大规模失业和生产过剩,而市场自动调节的机制将无法发挥作用来纠正这种失调。

方法上,凯恩斯使用宏观总量分析方法,而且克服了此前经济学的传统"二分法",将货币经济和实物经济合为一体。这一做法开辟了经济学研究方法的一个新时代。

政策上,凯恩斯反对"自由放任"和"无为而治"的新古典传统,主张国家通过财政政策和货币政策对经济生活进行积极干预和调节。特别是,他"创新性"地提出了功能性的财政预算政策,主张以赤字财政政策来解决经济萧条问题。

凯恩斯经济理论体系的出现使西方经济学理论和政策主张发生了极大的变化,导致了现代宏观经济学的产生和国家干预主义经济政策倾向的复兴。

4. "第四次革命"——现代货币主义学派的崛起

20世纪50—60年代,米尔顿·弗里德曼以"现代货币主义"发起了对"凯恩斯革命"的"反革命",这就是经济学说史上的"第四次革命"。

弗里德曼的理论体系认为,主要是货币因素的扰动造成了资本主义经济体系的不稳定。货币是支配资本主义经济中产量、就业和物价变动的唯一重要因素。因此,经济学理论中最重要的就是货币问题。

在政策上,弗里德曼认为,财政政策对经济只能起到负面作用,只有适当的货币政策才能稳定经济,让市场自动调节的机制充分发挥作用,实现充分就业。

弗里德曼在反对凯恩斯主义经济理论和政策主张时提出了两大思想:其一,货币供应量的增加是通货膨胀的根源;其二,短期内,货币政策比财政政策对产量具有更大的效应。这些观点后来为绝大多数经济学家所接受。

"现代货币主义"的革命使凯恩斯主义在第二次世界大战后长时期中的正统地位发生了动摇。

5. "第五次革命"——"斯拉法革命"

1960年,英国经济学家皮罗·斯拉法出版了《用商品生产商品》一书,在西方经济理论学术界产生了很大的影响和震动。该书篇幅不长,但思想深刻,在复兴古典政治经济学思想路线的基础上,提出了生产价格理论,对新古典经济理论体系进行了批判。

斯拉法的这本书被认为是一部划时代的理论著作,它造成的影响不亚于一场"革命"。所以,斯拉法这本书的出版被认为是西方经济学说史上的"第五次革命"。

6. "第六次革命"——"理性预期革命"

在20世纪70年代反对凯恩斯主义经济学的过程中,产生了西方经济学说史上的"第六次革命"——"理性预期革命"。

理性预期学派在批评凯恩斯主义理论体系的过程中,着重强调了宏观经济学的微观基础问题。他们认为,人们都是理性的"经济人",都具有最大化自己利益的行为和理性预期。因此,对于任何宏观经济政策,人们都会有相应的对策来避免对自己的不利,从而会造成宏观经济政策的无效。据此,理性预期学派(新古典宏观经济学派)反对凯恩斯主义的各种国家干预政策,主张由市场机制对经济自行加以调节。

今天,理性预期的概念已经为大多数经济学家所接受,并对以往的宏观经济理论模型和政策效果分析产生了重要的影响。正是由于这个原因,理性预期学派的出现被认为是对西方经济理论界的又一次革命。

以上六次"革命"大致上反映了西方经济理论体系的基本发展变化,特别是后面的四次"革命"反映了现代西方经济学各主要流派产生、发展和变化的基本过程。

资料来源:王志伟,《现代西方经济学流派》,北京大学出版社,2015年6月。

第二部分 练习与思考

1. 划分西方经济学流派的标准是什么?
2. 简述西方经济学各流派的发展趋势。

习题参考答案

1. 理论观点、分析方法与政策主张的基本一致与否是划分西方经济学流派的基本标准。特别应指出的是,我们应该把以上三个方面统一起来作为划分流派的标准,不能单独把其中一个或两个方面作为划分流派的标准。因为西方经济学各流派之间尽管存在着严重的对立与分歧,但在某个理论观点、某种研究方法或某项政策主张上往往存在着一致性。如果仅仅强调它们在某一点上的一致性,就会引起流派划分的混乱。例如,现代货币主义与凯恩斯主义都运用了总量分析的方法,但它们的理论观点与政策主张根本不同,如果仅仅强调分析方法上的一致性,把它们划为一个流派,显然是错误的。

2. (1) 当今凯恩斯主义的正宗——新古典综合派将仍然处于正统经济学的地位。在今后相当长的时期内,新古典综合派尽管会受到其他各派的猛烈"攻击",但仍将继续保持其正统的地位。也就是说,新古典综合派的理论仍将是西方经济学中的正统理论,它的政策主张仍将是各国经济政策的基调。新古典综合派之所以符合市场经济各国的根本利益,是因为它所主张的国家干预经济生活在可以预见的未来仍然是各国社会经济生存与发展的必然条件。国家干预经济生活的趋势是不可逆转的。尽管许多经济学家都呼吁埋葬凯恩斯主义,现实中国家干预经济也引起了许多问题,但市场经济不是十全十美的,这就无法埋葬凯恩斯主义。它仍然会以不同的发展形式、以不同的流派,成为经济学的主流。

(2) 新自由主义各流派、新制度学派会有进一步的发展,但并不能成为正统经济学。从当前来看,新自由主义各流派,尤其是现代货币主义得到了较迅速的发展,影响日益增大。但是,在可以预见的未来,它并不能取代新古典综合派而成为正统的经济学。这是因为:第一,市场经济有其内在的缺陷,没有一定形式的国家干预,市场经济无法正常运行;第二,从当前来看,各国政府政策的基调仍然是以市场调节为主,以国家干预为辅,这种情况也将是难以改变的;第三,现在美国、英国在一定程度上实施了供给学派、货币主义的政策主张,如控制货币供给量、给私人企业以更大的自由等,这些政策不能说毫无作用,但并没有解决根本问题,有时解决了某些问题,而又加剧了其他问题。

(3) 西方经济学各流派——特别是新古典综合派与现代货币主义——在一定程度上有合流的趋势。西方经济学的各流派不仅有其对立的一面,也有其一致的一面,因此它们不仅争论、斗争,而且也会在一定的条件下融合。

新古典综合派

第一部分 学习指导[①]

- 学习目的与要求

1. 了解新古典综合的含义以及其在西方经济学中的地位。
2. 理解新古典综合派的基本理论。
3. 理解并掌握新古典综合派的政策主张。

- 学习方法

多阅读一些新古典综合派的文章,形成对该理论的基本认识,并可结合有关国家经济实践理解新古典综合派的政策主张。

- 重点与难点

1. 新古典综合的含义
2. 新古典综合派对滞胀问题的解释
3. 新古典综合派的经济增长理论
4. 新古典综合派的政策主张

---

① 此章为《西方经济学导论》第十四章。

• 知识框架

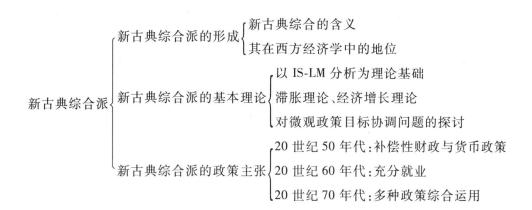

• 引申阅读

希克斯对宏观经济的一般均衡分析

(一) 对凯恩斯思想的新古典解释

希克斯对宏观经济的一般均衡分析是作为对凯恩斯经济理论体系的一种新古典解释而提出来的,主要体现在他的"*IS-LM* 模型"当中。1937 年,希克斯发表了一篇题为《凯恩斯先生与古典学派》的论文,将凯恩斯经济理论体系与凯恩斯所说的"古典学派"理论体系作了比较研究。

按照凯恩斯的利率理论,利率并不像新古典学派所说的那样取决于资本的供求关系,而是取决于货币供应量(MS)和流动性偏好(L),以及由此决定的货币需求量(MD)。影响流动性偏好的因素是货币的交易动机、预防动机和投机动机。前两个动机受到国民收入水平(Y)的影响。而国民收入水平又取决于投资(I)和储蓄(S),投资与储蓄之间的关系又取决于利息(r)。由此可见,凯恩斯的利息理论如同他所批判的"古典学派"的利息理论一样,是不确定的。因为这一理论存在着循环论证的问题:要想知道利率,必须先知道灵活偏好,要知道灵活偏好又必须先知道收入,而要知道收入,又得先知道利率及与此相关的投资和储蓄。

希克斯认为,要解决凯恩斯理论体系中的这个难题,就必须运用一般均衡分析方法,考察相互依赖的每个经济原理在经济体系中同时达到均衡的条件。希克斯通过

IS-LM 分析,将凯恩斯经济理论体系的四个重要的基本概念——消费函数、资本边际效率、灵活偏好和货币数量——结合在一起,阐述了投资、货币供应量、货币需求量、利率和国民收入诸经济变量的相互依存和相互影响的关系,以及商品市场和货币市场在经济体系中同时达到均衡的条件。

(二) *IS-LM* 模型的错误及有关评价

IS-LM 分析是将凯恩斯经济理论与新古典均衡理论结合起来的标准产物。丹尼尔·贝尔在评论时指出:"瓦尔拉斯以后,一般均衡理论经过阿罗、德布鲁和哈恩等人运用完美的数学形式加以修饰,已经变得更加完善。当它同希克斯和萨缪尔森重新塑造的新古典模型结合为一体时,就得到一个对于商品和劳务以及生产要素的相对价格,这些要素在不同用途上的配置、就业水平以及物价水平等做出解释的一般均衡理论体系。更明确地说,经济学发展成两套一般均衡的理论水平,一套是相对价格和资源配置(微观经济学),另一套是就业和物价水平(宏观经济学)。"

希克斯的 *IS-LM* 分析受到了西方经济学界的很高评价,同时也受到了一些西方经济学家的严厉批评。1968 年,莱荣霍夫德在其《凯恩斯学派经济学和凯恩斯经济学》这部著作中,批评 *IS-LM* 曲线歪曲了凯恩斯学说的本来面貌,挑起了一场理论上的争论。希克斯面对批评意见多次申明,他对 *IS-LM* 曲线是负有责任的,但是他当时做出这一综合只不过是想对《通论》一书的基本思想作一种概述。虽然凯恩斯本人对此未置可否,仅仅表示"有趣",但希克斯对这一宏观经济模型却不甚满意,认为这并不代表他自己的思想,所以他很少利用这一分析工具。在他晚年所写的《凯恩斯经济学的危机》一书中,也并未用这一工具来批评凯恩斯。但长期以来,希克斯并未说明不满意 *IS-LM* 分析的理由。直到 1979 年,在他晚年发表的一本重要著作《经济学中的因果关系》和同年发表的一篇论文《货币、利息和工资》中,才阐明了自己的观点,从存量、流量分析角度批评了 *IS-LM* 分析。希克斯指出,*IS* 是流量均衡,它与一定的时期(如一年)相联系,而 *LM* 反映的是存量均衡,与某一时点相联系。若假定 *IS* 处于流量均衡中,那么必须合乎逻辑地假定 *LM* 始终维持着存量均衡。于是就出现一个难题,因为在希克斯的《资本和增长》一书中已表明:一个时期的存量均衡的维持,就暗含着那一时期的流量均衡也被维持,这是该时期内均衡被维持的充分条件。但是,存量均衡在一个时期内被维持,即意味着该时期的每一个时点上都被维持着均衡,这也蕴含着每一时点的预期都毫无修改地实现了。用这种存量均衡的概念来制定 *LM* 曲线,显然是不妥当的。既然预期都完全实现了,那么,还有什么灵活性可言呢?而 *LM* 曲线恰好是反映灵活性的,完全实现的预期排斥了不确定性,从而也排斥了灵活偏好,这是 *IS-LM* 曲线的致命弱点。

资料来源:王志伟,《现代西方经济学流派》,北京大学出版社,2015 年 6 月。

第二部分 练习与思考

1. 新古典综合的含义是什么？
2. 新古典综合派在西方经济学中的地位如何？
3. 简述新古典综合派的基本理论。
4. 新古典综合派的政策主张有哪些？

习题参考答案

1. 新古典经济学指以庞巴维克、杰文斯等为代表的边际效用学派，以瓦尔拉斯为代表的洛桑学派和以马歇尔为代表的剑桥学派的经济理论。新古典经济学在理论上把资源可以得到充分利用（即充分就业）作为基本前提，来论述资源配置问题，其核心是均衡价格理论，它的内容即现在所说的微观经济学；在研究方法上，新古典经济学用的是均衡分析法，即运用局部均衡与一般均衡，通过对均衡的形成与变动的分析来解释经济的运行；在政策方面，它主张自由放任的经济政策。凯恩斯主义则是在假定资源配置为既定的前提下研究充分就业的实现问题，其内容为宏观经济理论，政策上主张国家干预。新古典综合在新的历史条件下把新古典经济学与凯恩斯主义结合在一起，形成了一个新的理论体系。

新古典综合的体系，在理论上，是把凯恩斯主义宏观经济理论——国民收入决定理论与微观经济理论——价格理论结合起来，用微观经济理论来补充宏观经济理论，以解释当今社会的经济问题；在方法上，是运用新古典经济学的均衡分析来说明凯恩斯主义的理论，把这一理论作为新古典经济学一般均衡理论的特殊理论来解释，这样也就用均衡分析的方法把宏观经济学与微观经济学综合在了一起；在政策上，则既强调了凯恩斯主义需求管理的重要性，又重视了新古典经济学市场机制的调节作用，并力图把宏观经济政策与微观经济政策结合在一起，以解决当前社会所存在的问题。

2. 新古典综合派被称为经济学的正统，不仅在西方经济学中占据统治地位，而且对西方各国的经济政策也有重要的影响。但是，自从20世纪60年代后期以来，由于西方各国社会经济危机日益严重，出现了滞胀的局面，新古典综合派受到西方经济中来自左与右两方面的攻击。在这样的形势之下，他们收起了新古典综合的旗号。从

1970年《经济学》的第八版起，萨缪尔森不再用"新古典综合"，而改称"主流派经济学"。萨缪尔森对"主流派经济学"所做的解释是："本书的全部致力于阐明后凯恩斯主义的现代政治经济学，即流行于美国和斯堪的纳维亚半岛、流行于英国和荷兰而又日益流行于日本、法国、德国、意大利以及西方世界大多数地区的主流经济学。后凯恩斯主义经济学取得的成果，是使混合经济制度的作用得到了改善。"从这个解释可以看出：第一，萨缪尔森仍然以凯恩斯主义的正统继承者自居，认为主流经济学就是当今的凯恩斯主义；第二，主流经济学流行于西方世界，对西方国家有巨大的影响；第三，主流经济学对解决当今西方社会的问题做出了重要贡献。从新古典综合变为主流派经济学，名称变了，但实质并没有变，所以一般仍把这一派称为新古典综合派，这种名称的变化反映了新古典综合派的困境。

3. 第一，*IS-LM* 分析是新古典综合派的理论基础。

第二，对滞胀问题的解释：微观部门供给异常引起滞胀；福利支出的增加引起滞胀；劳动力市场的结构特征引起滞胀。

第三，新古典综合派的经济增长理论：可以通过市场调节来改变资本与劳动的配合比率或者资本—产量比率来实现稳定的经济增长；新古典增长模型分析了不同的增长途径；经济增长中收入分配变动的趋势是利润率下降，工资率上升。

第四，对微观政策目标协调问题的探讨：为了实现平等与效率的最优交替，解决它们与宏观政策的矛盾，新古典综合派提出了很多政策，但主要的政策是要既有国家干预，又要实现一定程度的市场调节。

4. 第一，20世纪50年代的政策主张：补偿性财政与货币政策。

补偿性财政政策的基本含义是：政府在萧条时期有意识地增加财政支出，减少税收，以刺激总需求；在繁荣时期则要减少财政支出，增加税收，以抑制总需求，并求得萧条与繁荣时期的相互补偿。补偿性货币政策的基本含义是：中央银行在萧条时期放宽信用，增加货币供给量，降低利率；在繁荣时期则要紧缩信用，减少货币供给量，提高利率，并求得萧条与繁荣时期的相互补偿。这种政策就是我们所说的财政政策与货币政策。它的特点是"逆经济风向行事"，即在萧条时期，设法使经济繁荣，以消灭失业；在繁荣时期，又要抑制过度繁荣，以抑制通货膨胀。这样，就可以使经济既无失业又无通货膨胀，实现长期稳定的发展。

第二，20世纪60年代的政策主张：充分就业的经济政策。

充分就业经济政策的主要内容是，当某一年的实际国内生产总值小于该年潜在的（即充分就业的）国内生产总值时，即使是在经济上升时期，也要通过赤字财政与货币政策人为地刺激总需求，使实际的国内生产总值达到潜在的国内生产总值，从而实现充分就业。

第三,20世纪70年代的政策主张:多种政策的综合运用。

一是实现财政政策与货币政策的搭配,即把扩张性的财政政策与紧缩性的货币政策相配合,或把紧缩性的财政政策与扩张性的货币政策相配合,以达到既鼓励投资,刺激总需求,又不至于引起通货膨胀的目的。二是财政政策和货币政策的微观化,即针对个别市场和个别部门的具体情况而制定区别对待的政策。三是收入政策,即通过实行工资—物价指导线,利用税收政策实现对工资增长率的控制,或者对工资与物价实行硬性冻结来防止由于工资增长过高而引起的通货膨胀。四是人力政策,即通过提供就业信息、帮助工人迁移或对劳动力进行重新训练等方式为失业工人,特别是为技术水平低的工人提供就业机会。五是浮动汇率政策,即根据外汇市场的情况及时调整汇率,以免在经济增长过程中形成国际收支的不平衡。六是对外贸易与外汇管制政策,即用各种法令与措施鼓励出口、限制进口以减少对外贸易赤字,或防止资金外流过多而造成国际收支的不平衡。七是消费指导政策,即通过广告、调查消费品存量、调整商业网点等措施防止由于个别产品供求失调而形成的经济波动。八是实行计划化,目的在于调整全国经济的发展,促进公私部门的配合,协调政策目标,进行经济预测。此外,新古典综合派还提出了能源政策、人口政策、农业政策、改革福利制度等政策主张。

新剑桥学派

第一部分 学习指导[①]

- 学习目的与要求

1. 了解新剑桥学派对新古典综合派的批评。
2. 理解新剑桥学派的分配理论、经济增长理论、滞胀理论。
3. 理解并掌握新剑桥学派的政策主张。

- 学习方法

多阅读一些新剑桥学派的文章,形成对该理论的基本认识,并可结合有关国家经济实践理解新剑桥学派的政策主张。

- 重点与难点

1. 新剑桥学派对新古典综合派的批评
2. 新剑桥学派的分配理论、经济增长理论、滞胀理论
3. 新剑桥学派的政策主张

---

① 此章为《西方经济学导论》第十五章。

- **知识框架**

$$\text{新剑桥学派}\begin{cases}\text{对新古典综合派的批评——对凯恩斯主义的背叛}\\ \text{新剑桥学派的理论}\begin{cases}\text{分配理论}\\ \text{经济增长理论}\\ \text{滞胀理论}\end{cases}\\ \text{新剑桥学派的政策主张}\begin{cases}\text{反对新古典综合派与货币主义的政策主张}\\ \text{新剑桥学派的政策主张}\end{cases}\end{cases}$$

- **引申阅读**

"两个剑桥之争"

两个剑桥即以美国麻省理工学院(地处麻省的剑桥)教授萨缪尔森、托宾、索洛等人为代表的新古典综合派和以英国剑桥大学经济学家琼·罗宾逊、卡尔多、斯拉法及意大利学者帕西内蒂为代表的新剑桥学派。"两个剑桥之争"实际上也就是两种经济传统争论的当代表现,而争论的焦点就是资本理论与收入分配理论。

"两个剑桥之争"所囊括的理论内容和范围,是从资本理论开始,进而扩展到价值理论、配置理论、分配理论、增长理论、发展理论、积累理论、效用理论、行为理论、均衡理论、数理方法论、国家干预论、制度理论、预期理论、建模理论等。"两个剑桥之争"涉及的经济思想体系,则是从古典主义到马克思主义,从新古典主义到凯恩斯主义。"两个剑桥之争"的实质是如何进行经济理论研究或如何发展现代经济学的问题,但是在形式上却表现为作为后凯恩斯主义的两个支派怎样做才能真正继承和发展凯恩斯理论的问题。

这场争论的背景是,在第二次世界大战后,新古典综合派把凯恩斯经济学所讨论的国民收入核算的所有宏观变量用生产函数进行解释,即现在的《宏观经济学》教科书,而新剑桥学派则是把凯恩斯经济学与斯密、李嘉图和马克思强调"社会经济关系"分析的古典传统联系起来,试图表明财产所有权和收入分配对这些宏观变量的作用。1953年,罗宾逊提出了在总量生产函数中那些异质的资本品如何加总的问题。1960年,斯拉法在著名的《用商品生产商品》一书中采用两部门(多部门)模型证明,新古典生产函数只能用在单一产品模型中，一旦用于两部门（多部门）模型，由生产函数所推论出来的新古典理论的所有基本定理就都不成立了。这种逻辑一致性问题对于新古典理论显然是重要的，由以萨缪尔森为代表的新古典学派在20世纪60年代开始应战，双方第一回合的交锋以1966年萨缪尔森宣布无条件投降告一段落。

在随后的1969年，索洛提出在新古典一般均衡理论中可以避开这种加总问题而保持新古典理论的定理，即在一般均衡模型中可以把每一种资本品都作为一种生产要素。对于这一问题，新剑桥学派在70年代做出回应，表明在一般均衡理论中不存在统一的利润率，采用一般均衡分析显然只是回避了加总问题，因为这意味着将不能再使用总量生产函数。

在60—70年代，新剑桥学派对新古典经济学的批评很快从资本测量扩展到增长理论和收入分配理论等更广阔的领域，批评的有效性在争论的过程中不断得到澄清和证实，越来越多的经济学家加入到英国剑桥学派的行列。同时，新剑桥学派开始通过复兴古典学派和马克思经济学并吸收卡莱茨基的理论试图重建经济学体系。

虽然在这种逻辑争论中新剑桥学派取得了优势，但人们很快发现，这种异质品加总问题在新剑桥学派试图重建的理论体系中同样存在，如他们试图复兴的古典理论中存在着李嘉图的"寻找不变的价值尺度"和马克思的"转型问题"，即李嘉图和马克思的命题也只能在单一产品模型中成立而不能推论到两种（多种）产品模型，萨缪尔森发表多篇文章表明马克思在"转型问题"上逻辑不一致，与此相联系的是关于"帕西内蒂悖论"的争论，即由萨缪尔森等人提出的，新剑桥增长模型依然不能脱离生产函数，新古典经济学家这种"以其人之道还治其人之身"的方法为其挽回了一些面子。

但到了20世纪80年代，随着英国剑桥学派一些重要的经济学家罗宾逊、斯拉法和卡尔多等人相继去世，有关剑桥资本理论的争论似乎也中止了，就整个经济学界而言，这些经济学家以及他们的著作似乎从来就没有存在过。比如，从80年代晚期以来蓬勃发展的经济增长理论仍然广泛地应用总量生产函数和边际生产力理论，而对其中包含的逻辑悖论根本未予考虑。

哈考特（1995）认为这种忽略就其胆大和傲慢而言是非常令人惊讶的，这反映了在理论界处于统治地位的主流经济学所具有的"无情"的统治力。我们这里想加入的解释是，罗宾逊、斯拉法和卡尔多是在30年代就成名的经济学家，在经济学界的名声和辈分远高于萨缪尔森等人，一旦他们去世了，再进行这种研究可能就没有人给钱了或不能使文章发表，你如果不能在大学里得到职位是不可能进行这种研究的。

导致这种结果的原因有两个方面：

其一是，尽管新剑桥学派采用异质品模型表明了新古典理论中存在着逻辑悖论，但这种逻辑悖论产生的原因却没有被揭示出来。萨缪尔森在1983年的一篇文章中，在承认逻辑悖论存在的前提下,用奥地利学派的方法(跨期均衡)表明,这种逻辑悖论只是出自技术关系,希克斯(1973)也表示了同样的看法,而在剑桥资本争论中人们又很少能找到这种逻辑悖论的经验例证,从而在许多新古典经济学家看来,这种逻辑悖论的重要性是值得怀疑的。加之争论又异常复杂,以致很少有人能够理解。

其二是,新剑桥学派经济学家也不十分清楚资本理论的逻辑悖论的问题究竟出在哪里和其意义何在。其中的重要一点是,他们同样认为国民收入核算体系的统计变量是实物的统计,只不过试图把社会关系的因素加到经济分析中来。即如罗宾逊所表明的技术关系与社会关系的相互作用,当人们对斯拉法加入利润率的投入产出模型(马克思的生产价格模型)仅仅做出相对价格的解释时,也必然会把技术关系与社会关系搅在一起,从而难以理清这种争论的逻辑并建立新的理论。当没有一种新的理论能够与新古典理论相竞争时,经济学家对现实的解释只能按照新古典的方法,以免出现理论的真空,即在剑桥资本争论的逻辑被澄清和能够取代新古典理论的新的理论出现之前,人们是不会放弃新古典理论的,因为逻辑悖论虽然存在,但并不一定是重要的或致命的。

然而,如我们前面的全部分析所表明的,剑桥资本争论所揭示的逻辑悖论对于新古典理论是致命的,主流经济学错误地使用了国民收入核算的统计资料,误把它们作为由生产函数所决定的实际变量。如在剑桥资本争论中所表明的,不只是资本领域的问题,只要涉及这些统计资料分析的领域,采用新古典理论的分析都会产生逻辑悖论。而理清这种逻辑悖论的关键就在于明确这些总量的性质。

资料来源:编者根据网络资料整理。

第二部分　练习与思考

1. 新剑桥学派对新古典综合派的批评有哪些?
2. 简述新剑桥学派的理论观点。
3. 简述新剑桥学派的政策主张。

习题参考答案

1. 第一，新古典综合派用均衡观念代替了凯恩斯主义的历史时间观念。

第二，新古典综合派恢复了被凯恩斯革命所否定的新古典经济学的充分就业的假设。

第三，新古典综合派抛弃了凯恩斯主义的"投资支配储蓄"的观点，恢复了新古典经济学"储蓄支配投资"的观点。

第四，新古典综合派背叛了凯恩斯主义关于资本主义社会收入分配不合理的论述，回到了新古典经济学以边际生产力理论为基础的分配理论。

第五，新古典综合派背叛了凯恩斯主义关于物价水平主要受货币工资率支配的论断，回到了新古典经济学关于物价水平受货币数量决定的传统。

第六，新古典综合派的政策主张歪曲了凯恩斯主义的原意，引起了当今资本主义社会严重的滞胀局面。

2. 第一，认为分配问题是凯恩斯主义的中心。新剑桥学派认为，凯恩斯理论的核心并不是收入—支出模型，而是凯恩斯在《就业、利息和货币通论》的第二十四章中关于收入分配问题的论述。

第二，新剑桥学派的分配理论。根据斯拉法的理论，新剑桥学派提出了分配理论，其基本观点：一是在国民收入的分配中，工资与利润是对立的。在一定的国民收入水平上，工资和利润总是成反方向运动的。二是工资与利润在国民收入中所占份额的大小，在一定的收入水平条件下取决于利润率水平，而利润率水平是与一定的"客观的"、"物质的"生产技术条件联系在一起的。三是收入分配格局的形成具有客观的、物质的基础，它与历史上形成的财产占有制度相关，也与劳动力市场的历史条件有关。

第三，新剑桥学派的经济增长理论。新剑桥学派的经济增长理论是通过新剑桥增长模型来说明的。它的特点是把经济增长与收入分配结合在一起，论述如何通过收入分配的改变来实现稳定的经济增长，在经济增长中收入分配又是如何变化的。新剑桥增长模型所得出的结论是：经济增长中收入分配变动的趋势是利润在国民收入中所占的份额越来越大，工资在国民收入中所占的份额越来越小；资本主义社会的症结正在于这种收入分配的失调；解决资本主义社会问题的途径不是实现经济增长，而是实现收入分配均等化。

第四，新剑桥学派的滞胀理论。新剑桥学派认为，应从区分不同商品市场类型或不同类别的经济部门入手来解释通货膨胀的原因，进而解释滞胀问题，这就是所谓的

"市场操纵"理论。这种理论首先把世界经济分为三个部门:初级部门为工业活动提供必不可缺的基本供给品(如食物、燃料和基本原料);第二级部门将原料加工为成品以供投资或消费之用;第三级部门则提供辅助其他部门的各种服务。通货膨胀的根源在于初级产品部门和制造业部门(第二级部门)这两个部门生产增长之间所存在的比例失调的现象。

3. 第一,通过合理的税收制度来改变现在收入分配不合理的状态。

第二,给低收入家庭以补助,以便改变他们的贫穷状态。

第三,政府协助提高失业者的文化技术水平。

第四,制定适应经济增长、逐步消灭赤字的财政政策,并根据经济增长率制定预定的实际工资增长率的政策。

第五,政府必须尽量减少军事等方面的开支。

第六,实行进口管制,发展出口商品的生产,增加顺差。

第七,政府可以用预算中的盈余去购买股份,把公司股份的所有权从个人手中转移到国家手中。

现代货币主义

第一部分　学　习　指　导[①]

- 学习目的与要求

  1. 了解货币主义的含义与历史渊源。
  2. 理解货币主义的理论。
  3. 理解并掌握货币主义的政策主张。

- 学习方法

  多阅读一些货币主义的文章，形成对该理论的基本认识，并可结合有关国家经济实践理解货币主义的政策主张。

- 重点与难点

  1. 货币主义的现代货币数量论、名义收入货币理论、通货膨胀理论
  2. 货币主义的政策主张基调
  3. 货币主义的"简单规则"的货币政策
  4. 货币主义的"收入指数化"方案
  5. 货币主义的负所得税方案

---

① 此章为《西方经济学导论》第十六章。

- 知识框架

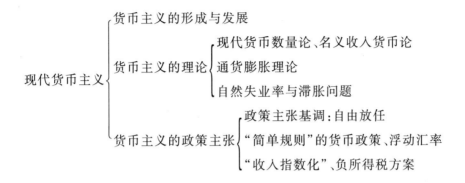

- 引申阅读

米尔顿·弗里德曼的生平概况

现代货币主义学派的奠基者和旗手是米尔顿·弗里德曼(1912—2006)。现代货币主义的基本思想主要来自于他。

米尔顿·弗里德曼1912年出生于美国纽约的布鲁克林,其父为来自罗马尼亚喀尔巴山区的犹太移民,他是家中四个孩子中最小的,也是唯一的男孩。1928年,弗里德曼进入拉各斯大学学习经济学,1932年毕业。在拉各斯大学,弗里德曼遇到了两位有名的经济学教授,伯恩斯(Arthur F. Burns)和琼斯(Homer Johns),让他见识了严格的经济学理论和最高水平的科学标准。1932年,弗里德曼作为研究生进入芝加哥大学经济系学习。在那里,他接触了一大批著名的学者和优秀的学生,包括当时美国最好的价格理论大师维纳(Jacob Viner)、奈特(Frank Knight)、明茨(Lloyd Mints)、西蒙斯(Henry Simons)、舒尔茨(Henry Schultz),还有他的妻子迪雷克托(Rose Director)。1933年他获得芝加哥大学硕士学位。同年,他又到哥伦比亚大学学习了一年,感受了那里当时很时髦的、浓厚的制度和经验的经济学研究方法。在那里,他从与霍特灵(Harold Hoteling)、米切尔(Wesley C. Mitchell)和克拉克(John Maurice Clark)等人的合作中获益匪浅。

1935年,弗里德曼回到芝加哥大学给亨利·舒尔茨做研究助理。同年稍后,他到美国全国资源委员会工作,参与了一次大规模的消费者预算的研究,这为他后来写作

《消费函数理论》一书奠定了有力的基础。1937年,弗里德曼到美国国家经济研究局协助西蒙·库兹涅茨研究专门职业的收入,并与库兹涅茨联名出版了《独立专门职业收入》。弗里德曼在这本书中首次提出了持久性收入和暂时性收入的概念。1941—1943年,他在美国财政部研究战时赋税政策。1943—1945年,他作为一名数理统计学家在哥伦比亚大学参加战时科学研究与发展署下面一个统计研究小组的工作。1945—1946年,弗里德曼到明尼苏达大学任教。1946年获哥伦比亚大学博士学位,同年,他受芝加哥大学的聘请,教授宏观经济理论,同时负责美国国家经济研究局的研究经济周期中货币作用的工作。1948年,他升任芝加哥大学经济学教授。

从20世纪60年代开始,弗里德曼越来越多地在公共场合露面。1963年,弗里德曼被任命为罗素(Paul Snowden Russell)讲座教授,直至退休。1967年,弗里德曼出任美国经济学会会长。1976年,弗里德曼因其"对消费分析、货币历史和理论方面的成就,并且由于他证明了稳定政策的复杂性"而获得了诺贝尔经济学奖。1977年,弗里德曼从芝加哥大学退休,担任斯坦福大学胡佛研究所的高级研究员。他还曾经分别在1980年、1988年和1993年访问过中国。

弗里德曼的主要著作有:《实证经济学论文选》《消费函数理论》《货币稳定方案》《资本主义与自由》、与安娜·J.施瓦茨合著的《美国货币史(1867—1960年)》以及《美国与英国的货币趋势:它们与收入、价格及利率之间的关系(1867—1975年)》《货币最优数量文集》《货币分析的理论结构》(载《政治经济学杂志》1970年3—4月)和《自由选择》。

资料来源:王志伟,《现代西方经济学流派》,北京大学出版社,2015年6月。

第二部分 练习与思考

1. 货币主义者所认同的三个基本问题是什么?
2. 货币主义的发展阶段是怎样的?
3. 简述货币主义的通货膨胀理论。
4. 货币主义的政策主张有哪些?

习题参考答案

1. 第一，货币最重要，货币的推动力是说明产量、就业和物价变化的最主要因素。

   第二，货币存量的变动是货币推动力的最可靠的测量标准。

   第三，货币当局的行为支配着经济周期中货币存量的变动，因而通货膨胀、经济萧条或者经济增长都可以而且应当唯一地通过货币当局对货币供给的管理来加以调节。

2. 从20世纪50年代到现在，货币主义的形成与发展经历了三个阶段：

   第一阶段是20世纪50年代，这是现代货币主义的理论准备阶段。这一阶段的主要标志是弗里德曼提出了现代货币数量论，从而奠定了货币主义的理论基础。弗里德曼对早期货币数量论的重新解释引起了理论上的关注。

   第二阶段是20世纪60年代，这是现代货币主义的形成阶段。在这一时期，货币主义在理论观点和政策主张方面都发展成为一个完整的体系。

   第三阶段是20世纪70年代，这是现代货币主义成为"第一个意义重大的对抗革命的革命"，作为一个重要的经济学流派与凯恩斯主义分庭对抗的时期。这是与60年代末通货膨胀的严重及滞胀的出现相关的。这一阶段的重要标志是：第一，1976年弗里德曼获得了诺贝尔经济学奖；第二，英国撒切尔夫人1979年5月上台后全面实施货币主义的政策主张，使现代货币主义由理论变为实践；第三，在70年代，货币主义理论又有了新的发展——形成了理性预期学派。

3. 在现代货币数量论中，弗里德曼特别强调了货币供给量的变动是物价水平和经济活动发生变动的最根本的决定因素。通货膨胀就是指物价水平持续、普遍地上升。因此，通货膨胀始终是而且处处是一种货币现象。这是因为：产量的增加要受到物质和人力资源的限制，其增加一般较慢，作为货币的商品如贵金属的增长也会受到类似的限制。但是，现代形式的货币——纸币的增加却不受任何限制，它的增长速度往往使产量的增加速度相形见绌。这样，当货币数量的增加明显快于产量的增加时，通货膨胀便发生了，按单位产量平均的货币数量增加越快，通货膨胀率就越高。

4. 第一，政策主张的基调：自由放任。弗里德曼在其出版的《资本主义与自由》以及《自由选择》（与其夫人合著）中比较系统地表述了他的经济自由的思想。这一思想是他的政策主张的基调。弗里德曼把经济制度分为中央计划经济和市场经济，他批评前者而拥护后者。他认为市场经济能很好地实现经济自由。

   第二，"简单规则"的货币政策。弗里德曼认为，"货币政策能够防止货币本身成为经济失调的主要源泉"，以便"给经济提供一个稳定的背景——再用穆勒的比喻，就是使机器润滑良好",并"能够有助于抵消经济体系中其他原因引起的比较重大的干扰"。为了实现上述货币政策的目标,弗里德曼提出了对货币政策的两项要求:"第一个要求是货币金融当局应当把它所能控制的数量作为指导自己行为的准则,而不应把它不能控制的数量作为指导自己行为的准则。"在汇率、物价水平和货币总额这三个指标中,"货币总额是货币政策当前最好的可供利用的即期的指南或标准"。"货币政策的第二个要求是金融当局要避免政策的剧烈摆动。"要达到上述要求,货币政策的措施就是"公开宣布它采取的政策是让某种给定含义的货币总额保持一个稳定的增长率"。这就是所谓的"简单规则"的货币政策,即排除利率、信贷流量、自由准备金等因素,而以货币存量作为唯一支配因素的货币政策。

第三,"收入指数化"的方案。主张把工资、政府债券和其他收入同生活费用,例如同消费物价指数紧密联系起来。也就是说,对各种不同的收入实行"指数化",然后根据物价指数的变动来进行调整。弗里德曼认为,这样就能抵消物价波动对收入的影响,以消除通货膨胀所引起的收入不均等,并剥夺各级政府从通货膨胀中所获得的非法利益,从而杜绝搞通货膨胀的动机。当然,他也认为这种办法并不能消除通货膨胀,而只是能限制通货膨胀并减轻通货膨胀的副作用而已,要从根本上消除通货膨胀还须从控制货币供给量入手。

第四,浮动汇率制度。弗里德曼指出,只有实行浮动汇率制度才能既保证国际贸易的平衡发展,又不妨碍国内的重要目标的实现。这是因为浮动汇率是一种自动机制,能保护国内经济,使之不受国际收支严重失衡的损害。正如他所说的:"只有浮动汇率才能提供这样的保证:平衡有成效的国际贸易扩展而又不妨碍重要的国内目标,因为浮动汇率,就保护国内经济免受自由主义化将产生的国际收支严重失衡这种可能的损害来说,是一种自动机制。"

第五,负所得税方案。弗里德曼反对凯恩斯主义者所主张的对低收入者发给差额补助的福利制度。为了既能消除贫困,又不会有损于效率,弗里德曼主张采用负所得税的办法。负所得税就是政府规定最低收入指标,然后按一定的负所得税税率,对在最低收入指标以下的家庭,根据他们不同的实际收入给予补助。这样,收入不同的人可以得到不同的补助,就可以鼓励人们的工作积极性,而不像差额补助那样挫伤工作积极性,滋长依赖补助的思想。

新制度学派

第一部分　学习指导[①]

- 学习目的与要求

1. 了解制度学派的历史与基本特点。
2. 理解新制度学派的特点。
3. 理解并掌握新制度学派的二元体系理论、循环积累因果原理。
4. 理解新制度学派的政策主张。

- 学习方法

多阅读一些新制度学派的文章,形成对该理论的基本认识,并可结合有关国家经济实践理解新制度学派的政策主张。

- 重点与难点

1. 新制度学派的特点
2. 新制度学派的二元体系理论
3. 新制度学派的循环积累因果原理
4. 新制度学派的政策主张

[①] 此章为《西方经济学导论》第十七章。

• 知识框架

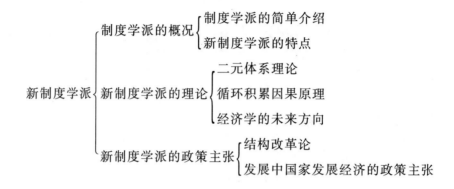

• 引申阅读

新制度学派简介

新制度学派是当代西方经济学的主要流派之一。该学派形成于20世纪50年代，60年代以后有较大的发展，它的前身是19世纪末20世纪初以凡勃伦、康蒙斯、米切尔为代表的制度学派。新制度学派的主要代表人物，在美国是加尔布雷思、博尔丁，在瑞典是缪尔达尔。

这个学派之所以被称为新制度学派，因为它一方面继承了制度学派的传统，以制度分析、结构分析为特点，并主张在资本主义现存生产资料所有制基础上进行改革；另一方面又根据第二次世界大战结束以后的新的政治经济条件，比过去的制度学派更加注意资本主义的现实问题，批判资本主义的缺陷，并提出更为具体的政策建议。它在政策目标和价值准则问题上所涉及的范围也要广泛得多。新制度学派是在凯恩斯主义已成为资产阶级经济学的新正统派，但却无法解释资本主义的多种社会经济问题的原因，并且提不出解决这些问题的对策的情况下，对资本主义社会进行分析和提出论点的。这是新制度学派不同于过去的制度学派的新特点。

新制度学派同过去的制度学派一样，内部没有统一的观点，也没有本派的公认领袖人物或最权威性的著作，该学派的每一个成员的学说几乎都是自成体系的。新经济学派认为资产阶级经济学正统理论惯于使用的数量分析具有较大的局限性，这种数量分析只注意经济中的量的变动,而忽视了质的问题,忽视了社会因素、历史因素、政治因素、心理文化因素在社会经济生活中所起的巨大作用。因此,强调采取制度分析、结构分析方法,其中包括权力分析、利益集团分析、规范分析等。例如,加尔布雷思在分析当时的美国经济时,就认为它不是一个单一的模式,而是由为数不多的大公司组成的"计划体系"和由众多的小企业与个体生产者组成的"市场体系"两大部分构成的"二元体系"。

新制度学派主张必须有一个"信念的解放",即从正统派经济学家(凯恩斯主义者)制造的"增长就是一切"、"一切为了增长"的错误思想下解放出来,建立新的价值准则,即以个人的"独立性"和以"公共目标"为衡量尺度的经济学的新观念。新制度学派认为现代资本主义国家的当务之急是改变权力分配的不平等,即限制大公司的权力,提高小企业和个体生产者在经济中的地位,使得大公司不能再利用手中的权力来剥削小企业和个体生产者。在这方面,加尔布雷思的分析是很有代表性的。他提出,收入不平等是权力不平等的结果,所以要实现收入均等化,必须从权力均等化开始。

所谓权力均等化是指使小企业在出售或买进产品时对价格有同等的控制权,使它们的贸易条件相同。从具体的政策措施来说,应当针对大企业和小企业的不同情况而实行不同的政策。比如说,政府应当对大企业实行价格管制,限制它们利用市场上的价格波动来损害小企业和消费者的利益;而对于小企业,则不应当采取价格管制的做法,而应当鼓励小企业联合起来,维护自己的产品价格的稳定性。一旦大企业和小企业之间在权力方面的差异缩小了,经济中的收入不均等的状况也就会减少。

新制度学派在批判资本主义现行经济制度的缺陷并提出自己的改革主张的同时,把实行改革的政治责任放在科学教育界和立法机构的肩上。在它看来,科学教育界可以在人才的培养目标方面和教育制度的改革方面发挥作用,而立法机构可以通过一系列有助于限制大公司和保护小企业的法律,使资本主义经济中的改革付诸实施。新制度学派的有些观点是比较符合实际的。例如,它注意了当代资产阶级经济学正统派所不注意或有意回避的妇女问题、家务劳动问题、少数民族问题、小企业和个体生产者的困境问题等,它较多地揭露了垄断组织与国家机构相勾结的一些情况,它还在一定程度上指出了凯恩斯主义在理论上的错误和在政治上有利于大资产阶级的实质。

资料来源:编者整理。

第二部分　练习与思考

1. 制度学派的特点有哪些？
2. 新制度学派的特点有哪些？
3. 简述新制度学派的理论。
4. 新制度学派的政策主张有哪些？

习题参考答案

1. 第一，把经济学研究的对象确定为制度。制度经济学反对像正统的经济学那样把资源的配置与利用作为经济学主要的研究对象，认为这样并不能解决资本主义社会的问题。

第二，用演进的、整体的分析法来研究制度问题。制度学派没有一个统一的理论体系，但有一个共同的研究方法，这种方法就是演进的、整体的方法。

第三，对资本主义社会弊病进行一定的揭露与批评，并主张用结构改革的方法去解决这些问题。

2. 首先，新制度学派与旧制度学派所处的时代不同，所要解决的问题也不同。在当前，滞胀的出现、多种社会经济问题的并发都是历史上从未有过的。在这样的形势之下，新制度学派的理论研究就与现实有更密切的关系，更要对这些新问题提出新的解释并寻求新的解决办法。

其次，制度经济学经历了长期的发展，今天的新制度学派理论更加完整、系统，所提出的政策目的和政策措施也更加具体和广泛。

最后，新制度学派在一定程度上受到凯恩斯主义的影响。他们认为，凯恩斯主义对各国制定经济政策有重大的影响，而这些政策对第二次世界大战后经济的稳定有过一定的历史功绩。对于凯恩斯主义及新古典综合派关于当前资本主义问题的某些分析（例如，关于市场机制不可能使经济恢复均衡的分析），对他们所主张的某些措施（如人力政策）也是赞同的。特别是，他们也与凯恩斯主义一样，赞成国家干预经济。当然，他们认为，凯恩斯主义没有从制度结构问题入手，因此，就无法从根本上解决资本主义社会的问题。

3. 第一,二元体系理论:加尔布雷斯对当代资本主义社会的制度分析。

加尔布雷斯认为,当前的美国社会尽管已是一个"丰裕社会",但仍然存在着贫穷、丑陋和罪恶,是一个充满了矛盾与冲突的社会。其根源在于权力分配的不均衡,而这种权力分配不均衡的根源又在于当代资本主义社会的结构是二元体系。所以,二元体系的存在是资本主义社会弊病的根源。加尔布雷斯认为,现代美国的资本主义经济并不是单一的模式,而是由两大部分、两个体系所构成的。一部分是有组织的经济,即由一千家左右的大公司所组成的计划体系;另一部分是分散的经济,即由一千二百万个小企业和个体经营者所组成的市场体系。这两个部分各创造了国内生产总值的一半,它们既互相联系,又有着显著的区别。

第二,循环积累因果原理:缪尔达尔对资本主义社会的动态分析。

循环积累因果原理的基本内容是:经济制度是发展着的社会过程的一部分。在一个动态的社会过程中,社会各种因素之间存在着因果关系。某一社会经济因素的变化,会引起另一种社会经济因素的变化;而第二级的变化,反过来又加强了最初的那个变化,并导致了社会经济过程沿着最初的那个变化的方向发展。这种因果发展关系可能是上升的运动,也可能是下降的运动,但它并不是简单的循环流转,而是有着积累效果的,所以是"循环积累因果联系"。

第三,经济学的未来:制度经济学前途无量。

新制度学派的经济学家反对当前的各经济学流派,认为只有制度经济学才能解决当前资本主义社会所存在的问题。加尔布雷斯认为,当前的各种经济学都过时了。加尔布雷斯还认为,传统经济学中的许多观念,例如把经济增长、国内生产总值的增加作为追求的目标、作为解决一切问题的灵丹妙药,以及对资本主义制度的赞美等都是错误的。这样的观念只能加剧资本主义社会的问题。

加尔布雷斯强调,经济学家必须把注意力转移到社会经济制度与结构问题上来。要使经济学能解决问题,就必须从制度与结构的角度来分析资本主义社会的问题,考察权力均等和收入均等等问题。因此,经济学的未来应该属于制度经济学家。

4. 第一,加尔布雷斯的结构改革论。

加尔布雷斯认为,要解决当前资本主义社会的问题必须进行结构改革,改变二元体系的不平等状况。加尔布雷斯指出,要进行结构改革,首先要实现信念的解放,即把人们的思想从目前流行的经济学教义的束缚之下解放出来。因为传统的经济学教义是商品生产得越多,经济越是增长,就越能给人们带来幸福,而计划体系的目标正是增长,所以计划体系的目标就被认为与公众的目标相一致。如果不改变这种观念,就无法改变两个体系的不平等地位。当然,信念解放并不是一件很容易的事,这一则是因为习惯已经形成,难以一下改变;二来是因为经济学家不愿意抛弃陈旧的理论,仍想继续用这些旧思想来钳制人民的头脑。要实现信念的解放,就必须从价值判断问题入手,对"是非"、"善恶"问题加以重视,并重新做出评价。对于如何进行结构改革问题,加尔布雷斯提出了一些具体建议。第一,改革计划体系和市场体系之间的关系,实现权力均等化。第二,通过政府的法律和经济措施来提高市场体系的权力。第三,通过政府的法律和经济措施来限制计划体系的权力。第四,对两个体系中的工人也应采取收入均等化的措施。加尔布雷斯指出,实现结构改革的重任落到了科学界、教育界的身上。

第二,缪尔达尔关于发展中国家发展经济的政策主张。

他认为,一国的政治、经济、社会等因素是互相依存、互为因果的。所以,一国要发展经济就不能仅从经济问题入手,而应首先实现社会改革。他所说的社会改革主要包括:(1)改革权力关系。把权力从地主、实业家、银行家、商人和高级文武官员这些上层集团手中转移到下层大众的手里。但对如何实现这一点,他避而不谈。(2)实行各项具体的改革。例如,土地关系的改革、教育的改革、行政管理的改革等。(3)制订国民经济计划。国家应该用计划来干预市场力量,用计划来促进社会过程的上升运动。他认为,在南亚国家,有六个与经济发展有关的因素,即产量和收入、生产条件、生活水平、对待生活和工作的态度、制度及政策。制订国民经济计划,就要使这些因素能促进经济朝着上升的运动发展。他反对把发达国家的发展模型运用到发展中国家来,也反对发展中国家实行自由贸易。